再忙也能做个好妈妈！

杜英华　史文婷◎著

新世界出版社
NEW WORLD PRESS

目 录

第一章

决定孩子一生的敏感期

第二章

忙妈妈的“黄金教子法则”

第三章

爱和规矩的尺度

第四章

和孩子沟通的艺术

第五章

早点开启孩子的智慧

第六章

性格比知识更重要

第七章

玩得好才会学得好

第八章

隔代教育

第九章

让孩子学会自我保护

第十章

妈妈的味道带来幸福感

第一章

决定孩子一生的敏感期

敏感期，孩子的黄金期

当80后、90后妈妈渐渐成为这个时代的育儿主力军的时候，这批普遍受过高等教育的妈妈们开始更多关注新的育儿法，而不是将老一辈的育儿理念一成不变地继承下来。于是，很多父母会在学习育儿的过程中接触到一个在育儿书、媒体、网络等地方出现频率相当高的词——敏感期，很多诠释敏感期的书籍、杂志铺天盖地冲入父母的视野。

敏感期这个词最早是由荷兰生物学家德·弗里提出的，他在动物的成长过程中最先发现了这个敏感期的状况，提出了动物的敏感期。然后，著名的教育学家蒙特梭利在长期和孩子的接触过程中，发现孩子在成长过程中也会产生敏感期的阶段。于是，蒙特梭利将这个敏感期的概念从生物学中提炼出来，运用到幼儿教育上面，在这个领域获得了前所未有的成功，可以说为幼儿早期教育带来了卓绝的贡献。

那么，究竟什么是敏感期？我们怎么来理解敏感期这个概念呢？

敏感期（sensitive period）是指特定能力和行为发展的最佳时期，在这个时期个体对形成这些能力和行为的环境影响特别敏感。用蒙特梭利的原话来形容："经历敏感期的小孩，其身体正受到一种神圣命令的指挥，其小小心灵也受到鼓舞。"敏感期是一个大的概念，它分为很多不同的种类，每个特定的敏感期到来之时，孩子的感知能力会特别敏锐，用通俗的话来说，就是开窍了。孩子的敏感期通常出现在

0–6岁，所以说这个阶段是孩子成长中最早的黄金期，是孩子心智开始萌动、心理开始发育的原始阶段。几乎所有的幼儿教育学家都指出这个阶段对孩子一生的成长有着非常重要的意义，作为父母一定要充分把握这个时机，细心观察和帮助孩子，耐心理解经历敏感期的孩子所表现出来的各种情绪，和孩子一起享受敏感期的喜怒哀乐。

我看过一本书名为《0岁教育》的教育书籍，作者是日本著名的神经科学者久保田竞。在书中，他把自己研究的脑科学引入到育儿中，在后期实践过程中取得了很大的成功。这本书就提出了一个突触的概念，突触是神经细胞间发挥连接作用的部位的总称，由大脑、神经细胞产生。简单来说，就和立交桥一样，突触就好像那些交叉的连接交汇点，交汇点越多，道路旁支越多，就能行驶更多车辆。运用到人脑中，突触越多，信息传递也就更快、更通畅，脑存量越来越大，也就是我们说的越来越聪明。

那么，怎么才能增加幼儿的突触的数量呢？那就是要在孩子身边，通过不同的方式从不同的领域对孩子的大脑进行刺激，久保田竞在实验中发现，妈妈在幼儿身边的言语行动，能够在短时期内大量增加突触的数量，所以说，多和孩子接触，多和孩子说话，多陪伴孩子，才是家长给予孩子最好的礼物。

久保田竞的突触理论和蒙特梭利的敏感期观点，都有一个很重要的平台，就是父母作为第一抚养者，在孩子早期成长过程中，有着不可缺失的作用，必须参与到孩子的成长过程中来，这个阶段的陪伴对于孩子的一生来说都是举足轻重的。

当然，我们要明确早期教育并非一板一眼的灌输，而是一种更接近陪伴和引导的状态，我们必须要认识到，幼儿自己是一个强大的精神体，他自己有一股强大的能量，在脱离了母亲子宫的保护后，他是可以自己独立发展的。作为父母首先要认可孩子是一个独立的个体，要尊重他们，好的幼儿教育不是将我们主观的意愿强加给他们，而是应该是给孩子创造良好的环境去慢慢引导他们体内的意识发展，完成他们自己的敏感期的飞跃。

睁开眼看见精彩

其实，无论是作为一个母亲还是一个父亲，我们要做的很简单，并不需要花费很多时间，只需要了解孩子每个阶段的需求，然后给他们创造适合他们发展的环境。

首先，对于婴儿出生就开始的感官敏感期，让他所在的房间尽可能充满色彩，比如可以选择在他的小床上使用鲜艳颜色或者大色块的围栏，在床边放一些可爱的小玩具，挂上旋转的床铃且伴随悦耳的音乐。小婴儿初期只能躺在自己的床上，想来也是一件非常单调的事情，所以家长要给孩子营造一个美丽的世界，满足孩子的好奇心，在他东张西望的时候，能够被身边这些美丽的东西吸引。

我当时在装饰宝宝小床的时候，我给小永挑选了色彩度比较高的床围，有大块鲜明的图案。刚出生的婴儿只能辨识黑白两色，所以我在他一边的床上扎上了黑白色系的床围，有圆圈、三角等各种黑白图形，能够刺激孩子的视觉，小永会盯着床围上的图案挥动小手。每当床上的旋转床铃转动伴随着悦耳的音乐响起，都能够成功吸引小永的注意，他会积极地蹬脚表示回应，这些都是孩子感觉世界的开始。

刚出生的婴儿的视线范围很窄，对他说话要靠近他的眼睛，距离在30cm以内，上下左右在50°以内，这样孩子才能看清楚你的脸和你的表情。孩子的听觉比视觉要发展得早，所以要保持和宝宝说话的习惯，妈妈们陪伴在身边，不妨啰嗦一点，和宝宝多交流，告诉她你在做什么。同时，这种对话也是培养孩子的一种预测能力。你的行动要让孩子知道，在耳边对他说，告诉他你将要做什么，或者这个事情和他之间的联系，比如换尿布、洗澡、擦脸之类，不要以为他听不懂，其实孩子的感官是很敏感的。

每次我在给小永换尿布的时候，我都会明确地告诉他："小永尿湿啦，妈妈要给小永换尿布啦。"然后拍拍他的屁股，拍拍他的腿，给他一个行为开始的信号。等到换完尿布，可以告诉他，尿布已经换完啦，然后抚摸他的腿和腰，让他感觉舒服，最后用微笑的方式问他："小永换了干净的尿布是不是很舒服呀？"

每天通过这些行为的不断重复，使得孩子能够预测妈妈的行为，下一步妈妈要做什么，渐渐地孩子就会对你的言语产生反应，自然而然地配合你的行为，并且开始慢慢了解你所谓的舒服是什么感觉。

虽然说孩子在这个阶段还不能非常清楚地理解你表达的这些指令，但其实他的大脑已经开始运作，这时候的突触开始迅速增加，并且记住了这些信息，为其之后的语言理解奠定基础。这样一种伴随着行为的告知并不仅仅是一种随意的对话，因为这时候的接触是全方位的，身体接触，视线接触，语言接触这些结合在一起，能够使得孩子的大脑加速运转，刺激孩子的脑部不断发育。

成年人记住东西，我们有一个叫记忆的能力，早期的婴儿是没有这种能力的。但是，婴儿在自身慢慢的学习过程中，他小小的身体里会发生一种神奇的化学效果，就是知识进入了他的大脑，同时还促进了大脑的发育，帮助他慢慢组建自己的精神体系，这种神奇的变化过程被蒙特梭利称之为“具备吸收力的心灵”。

随着婴儿的视觉感官不断发展，孩子慢慢地不仅仅满足于家里的玩具和摆设，所以多带孩子到户外活动是必须的。有些上了年纪的人，觉得孩子不要吹风，太小的孩子不要带出门，这些都是不科学的。小永大概40多天我就开始带他在小区散步，其实已经不算很早了，有些老外的孩子出生两三个星期，就被妈妈带出来晒太阳了。被带到外部世界的小永，表现出极大的好奇心，他看到的天不再是白色的天花板，而是蓝天白云，还有周围的花草树木。他会惊奇地注视小狗、小猫或者过往车辆，这些移动的东西最能吸引他的目光，各种在家看不到的东西他都会注视很久，感觉他正在享受这个过程。这个时候要给孩子一点时间，慢一点再慢一点，充分满足他的好奇心，让他去观察，给他足够的时间去开启心灵的大门，我们所要做的就是在旁边陪伴他们完成这个过程，不要去打扰他们。

只要天气好，我几乎每天都会推小永在小区散步、晒太阳。经过小区的幼儿园，只要不下雨，旗杆上都会有五星红旗飘着，每天经过那儿的时候小永会抬着脖子看很久。这个看红旗的行为随着他的月龄增长，你就可以感觉到区别，最小的时候是视线追随，稍微大一点就会嘴里哼哼唧唧，等到八九个月的时候他就会用手指红旗了。有时候推车已经推过去了，在很远的地方，小永依然能够指给我看红旗的方位。没有人教他这些，他慢慢完成了一个从观察到行为的转变。为了满足孩子的需求，我都会把车推得慢一点，有时候甚至停下来，让孩子释放这种观察的快乐感。

孩子这些看似无意识的行为，其实充满了智慧。我记得有一天早晨下过一些毛毛雨，红旗没有升起来，小永没看到国旗发出了“嗯嗯”略微激烈的声音，看看我，再看看光秃秃的旗杆，我知道他已经发现了区别。还有一次我们出来得比较早，旗子挂在旗杆下还没有升起来，小永看到了又发出了“嗯嗯”的比较不悦的声音，我知道他在表达他的观点，他看看下面的红旗，又看看旗杆的顶端。通过这个动作，我知道在他心中已经产生了疑问，为何这个红旗在下面，虽然他还没有意识要把上下的区别联系起来，但是在他心中已经形成了一个不同的观念，发展下去就是我们所说的秩序感。对于这个敏感度，可能有些孩子出现得早、有些孩子出现得晚，不论早晚，家长一定要记得保护好孩子感官最敏锐的时期，不要打断专注中的孩子。他们刚开始的时候都会很慢，好像刚刚启动的机器，一旦运作起来，他们的进步会惊人得快。

等到一岁半的时候，小永已经开始牙牙学语了。路过幼儿园，我告诉他，这是红旗，五星红旗。他会回应我“旗”这个音，他对于这个物体的认知从最初的视觉慢慢转化到了定义，这就是一个概念的形成。孩子的智力发展是先有感觉，再慢慢形成自己的概念，要尊重孩子不同阶段的认知能力，当他只有观察能力的时候，你不断告诉他这是红旗，是没有作用的，但是当他到了语言的敏感期，他就会突然有说的欲望，你再教他，他就会把画面和语言结合起来，对于孩子来说就完成了一个完整的认知。

小孩子吃手？！放心的让他吃吧

作为家长，我们一直说要帮助孩子去接触世界，而不是阻碍他，究竟怎么样才是帮助孩子去接触世界呢？首先我们要明白，孩子是通过什么来认识世界的。从最早的听觉、视觉、嗅觉、味觉、触觉这些最原始的方式，他们通过自己的感官接触世界，然后慢慢形成对世界的概念，再变成概念和概念之间的联系，形成宏观的意识。所以，我们要帮助他们用自己的感官去体会这个世界。所有的话题从吃手开始，这是一个被误解了好久的行为。以前的家长为了阻止小孩子吃手甚至采取体罚的方式，殊不知这是小孩子最早开始接触世界的方式和渠道，就这样硬生生被阻断了。

大概2、3个月的时候，小永开始吃手，一个一个手指吃，有时候甚至想把拳头一起塞进去，然后手上有什么玩具都往嘴巴里塞。我并不会阻止他，因为我知道他的口手敏感期到了，我会提供不同形状和不同质感的东西给他抓、给他咬，帮助他吃到想吃的东西。当然，一定要注意清洁卫生和安全性，多帮他擦擦小手，他经常咬在嘴里的玩具也要做好清洁工作。

小的时候帮他洗澡，他都是懵懵懂懂很紧张地抓着浴盆，或者抓着我的手，稍微大一点他就喜欢用手去抓水笼头里流下的水，拍浴盆里的水，有时候水溅得他满脸都是，他还乐此不疲。从这些举动看来，孩子开始和世界建立了联系，他已经学会用自己的手和嘴不断探索，手是人类最基础的工具，而孩子们最早就是用手来思考的。

带小永出去晒太阳，遇到一些外婆、奶奶带孩子，看到小永一直在吃手就会说："哎哟，吃手多脏呀，你不要让他吃呀，快帮他拿出来，吃手会畸形的……"之类的话语。看到自己的孩子吃，有的家长甚至会粗暴地拔出自己家孩子的手，然后拍打着，以示惩戒。看到这些场景，我通常都忍不住带着小永上前去劝告，跟他们说小孩子吃手也是开发智力的一个表现。如果说敏感期可能上了年纪的人不太容易理解，但是如果提到会聪明之类的说法，长辈们更愿意接受。有些长辈会接受我的建议，理解这个全新的科学育儿理念，也有些长辈表示不屑，认为我不过是在纵容孩子的坏习惯，我也只能放弃说教，以免不欢而散。事后常常会感叹，确实很多父母没有办法长期自己带孩子，老一辈的教育方式到现在已经出现了很多陈旧的谬误，新妈妈、新爸爸依然要关注新的科学理念，多和父母沟通，而不是放手不管，在对待孩子上，你少花一分钟，以后成倍补偿都不一定能达到好的效果。

孩子吃手的目的是认识自己，了解自己拥有的这个神奇的工具，然后学会用自己的手去接触世界，这是一个必经的学习之路。当成人强制性地制止这个行为发生时，孩子的内心需求就会受到侵犯，引起后续的一些问题。经常听到2岁多的孩子还在咬人、吐口水，这种情况很有可能就是孩子的口手敏感期被剥夺了，没有得到应有的保护。

随着小永的月龄渐大，开始喜欢抓东西，什么东西都一把抓，然后就开始三指抓、两指抓，也会竖起食指点东西，表达他的需求。等到差不多9个月的时候，他就开始会打开盖子，喜欢往利乐包上插吸管，每次掉在餐盘上的水或者是米糊，你还来不及擦，他都会迅速用手涂抹开，然后就发展成满手满脸都是。他慢慢开始掌握更精细的动作，会扭开盖子，会用两个手指捏住盒子外面的小绳子把盒子打开。我通常很少给小永吃零食，偶尔会给他吃一点，目的是锻炼他的手指运用。我一般会放在餐盘上，让他自己拿了自己吃，从开始对不准嘴，每次都掉，到后来运用自如，我就拍手对他进行鼓励，他自己能吃到小零食也很开心。等到一岁多他开始会独立行走，就会很调皮的拉开抽屉，甚至我装在抽屉上的防护扣也会被他打开，会把玩具、工具盒上面的螺丝一个个拧下来，把搭好的轨道车的轨道全部解体。但是，我不会阻止他，安全方面防范好，危险的东西藏在他拿不到的地方，留给他绝对安全的探索空间，让他自由发挥。我觉得小永对手的熟练运用超过我的想象，甚至比同龄孩子掌握的技能还要多，我很庆幸自己没有阻碍他的口手敏感期，让他有了充分接触世界的机会。

扔玩具获得空间感

孩子会慢慢地形成自己的空间感，他们会通过观察物体的所在位置的变化，物体的运动方向，由此得到空间的感觉，形成自己的空间概念。

6、7个月，小永开始正式进入辅食期。每天有一些时间我将他放在餐椅上，脱离了地面和床这些平面状态，小永觉得非常有新鲜感，每次手里拿到东西，就会低头观察地面，然后很喜欢往地上扔东西。有时候爷爷奶奶来看他，就说，这孩子脾气真倔，老是扔东西。我解释，这不是脾气坏，这是孩子形成空间感的一个过程，他通过扔手中的东西寻找和地面之间的一种感觉，这个时候注意不要给他一些易碎物品就好。

小永爬行站立都不算速度快，到11个月才能爬行自如，几乎是同一个月，他就会扶着沙发自己摇摇晃晃地站起来了。在地上玩耍的时候，他会把玩具扔出去，爬过去捡起来，再扔出去，这变成他爬行的一个动力，扔得远的时候，他还会咯咯大笑，然后拍手鼓励自己。他的空间感在这些游戏中逐渐增加，以前东西掉到床下或者沙发下，他看不到了，也不会找，接受这个东西消失了。有了空间感之后，滚到沙发或者家具下面的小玩具，他会低下头透过缝隙去寻找，在自己够不到的时候会招呼你，让你帮他把玩具拿出来。这就是孩子已经形成了空间感，不会认为那些在眼前消失的东西没有了，他会去更立体的空间寻找这些暂时消失的东西。所以说，扔东西这个动作虽然简单，但是对于孩子来说至关重要，不要轻易去阻止，给孩子一些不易扔坏，不会造成破坏性的东西，比如弹力球，或者小积木，让他借助玩具，去获得自己的空间感。

几乎是在同一个时期，小永对狭小的空间产生特别浓厚的兴趣，特别喜欢床和床头柜之间的缝隙，床和床栏之间的缝隙，只要有机会就把东西扔到这些缝里，然后再掏出来，或者趴着看半天。他喜欢把挂在环上的擦手毛巾扯下来，然后塞到门背后；喜欢爬到床的边缘看地面，有一次还从我挡着的腿上一跃而下，摔了下去。这个阶段的妈妈要有承受危险的心理能力，虽然我们说不要过分限制孩子的自由，但还是要注意好宝宝的安全，所有的孩子在这个阶段都会有这样的需求，他的空间感还不是特别好的时候，经常会有碰到、撞到，甚至从床上翻下去的情况发生。孩子这段时期对空间的探索，是儿童一个自我创造的过程，是打开视野、提高行动能力的一个开端，也是敏感期中比较有趣的一个阶段。通过慢慢形成自己的空间感觉，孩子就会发展出更加抽象的秩序感，形成更好的思维模式。

秩序敏感期

随着年龄的增长，小孩子慢慢进入秩序的敏感期，这个阶段的小孩子会产生特定的秩序感，这个时候的他可能会变得非常固执，脾气倔强。作为家长，我们一定要仔细一点，了解和观察一下是什么引发了孩子的敏感和暴躁，是不是他们心中的规律遭到了破坏。

发生在小永身上，就有几个明显的事例。我以为小孩的秩序感没有这么早出现，但小永100天的时候就发生了一件奇怪的事情。那天准备带他出门去吃饭，之前一直在家带孩子，基本都是戴的框架眼镜。这天因为是孩子的百日宴，所以第一次换上了隐形眼镜，化了点淡妆，换了衣服，准备带他出门。刚抱起小永，他就开始拼命地哭，我觉得很奇怪，怎么安抚也没用，他就是看着我哭。换成外公外婆抱就稍微好一点，一到我手里就哭得厉害。

后来还是外婆发现，说是不是因为你没戴眼镜呀。我想这么小的孩子，就会有这种敏感性了吗？我每天晚上也会有不带眼镜对着他的时候，应该不会不熟悉呀。听了外婆的建议，我还是去尝试了一下，换了眼镜再抱他，他看着我的脸好久，终于从大哭变成抽泣，然后慢慢停止了。一家人都释然了，果然是因为我的脸和他之前看到的有差异了。虽然3个月的孩子的视力是有限的，也不太可能存在不知道我是谁，因为完全可以凭气味就知道，所以还是一种秩序感，带他出门的我，一定是戴着眼镜的。

小永大概6个多月的时候，天气转凉了，外公来看小永戴着帽子，小永看到瞪大了眼睛，然后就哭了，拒绝外公抱他。外公几乎天天看到，应该不是认生的问题。后来，外公把帽子拿下来抱他，他慢慢就平静了，开始拿着外公的帽子玩了起来。所以说，家长要能理解孩子的这种执拗，当他内心的秩序被打乱的时候，他可能会大哭大闹、发脾气，请不要把这种哭闹认为是无理取闹，孩子只是在宣告他心中的不悦，这是孩子建立内心秩序的一个过程，要平静且理性地对待。

还有一件事留给我的印象也很深刻。我上班的时候小永由外公外婆带，只要我下班回家，还有周末我都会把小永带回自己家，然后，周末的时候，爷爷奶奶会来家里看他。所以一直是平时接触外公，周末接触爷爷，小永似乎形成了自己的规律。突然，有一天周末，爷爷抱着小永，外公正好来送东西，小永看到推门进来的外公，再看看爷爷，突然大哭起来。我安慰了很久，他才慢慢止住哭声，然后还是不停地看看外公，再看爷爷，还是没有搞明白为什么这两人会同时出现，直到外公回去后，才慢慢恢复平静。其实，小孩子很早就有自己的秩序感，这就是蒙特梭利说的“儿童的理性”，当某些情况和他认知的情况不符合的时候，他就会产生紧张的情绪，甚至用大哭大闹的方式来发泄情绪。在孩子形成秩序的过程中，大人一定要保护、理解他们的这个过程，并且尽可能地帮助他们。虽然我们无法直接将秩序感给予孩子，他们必须要经历这个过程才能建立自己的秩序感，如同他们经历的成长一样，但是我们可以尽可能提供给他们一个有秩序的外部坏境。随意破坏孩子的秩序，会给孩子带来不安全的感觉，他们会分散精力去应付这种安全感的缺失，浪费了宝贵的时间。

相反，拥有良好秩序感的孩子，就会很有自信，心内世界也是和谐的。内在和谐的孩子就会用一份平静的心去看待世界，去接纳朋友，去融入社会，这之间的关系必然也是和谐的。一个拥有良好秩序感的孩子，成人后大多拥有很好的社会意识，有自己的诚信度，因为他本身很有安全感，他的行为也会让人感觉诚信、安定。如果每个孩子的秩序敏感期都能得到家长的正确引导，当这些孩子走上社会的时候，社会也必定是新的局面。

秩序敏感期的三个阶段

秩序的敏感期一般分为三个阶段，第一个阶段是瞬间反射，如果秩序被破坏，孩子就会用最直接的方式表达，比如哭闹，一旦秩序恢复，孩子就会马上平静下来。我曾经列举过小永的例子，只要把眼镜戴上，把帽子拿掉，小孩子就能自己恢复平静；第二个阶段是，当孩子有了自我意思，能够表达自我意识的时候，他在面对秩序混乱的时候会说“不”；第三个阶段是，他用自己的行为去捍卫秩序，一旦发生错误，必须推倒重来。

我们的小区规模非常大，经常会遇到一些妈妈带着孩子出来玩，慢慢地我们建立了一个微信群，有一个妈妈米娅义务当起了群主，平时组织我们这些妈妈带着孩子一起聚会。有一次，米娅在聚会的时候告诉我们她遇到了一个正在经历秩序敏感期的孩子。那天，她带着自己刚会扶站的宝宝去室内的亲子乐园玩，规定是必须脱鞋、穿袜子进场。她的宝宝刚会走几步，所以米娅给他穿了皮底的软袜，看上去像是一双小鞋子。他们刚刚进入活动区，就有一个小孩子跑过来，很认真地对她说：“阿姨，这里要脱鞋的。”

米娅回答：“我们还不太会走路，这是新的，不脏。”

小男孩说：“可是，这里是要脱鞋的，要穿袜子才可以进来。”

米娅忽然意识到，这个小男孩正处于秩序敏感期，出于保护孩子心中的秩序感，她准备坐下帮宝宝脱鞋。

小男孩又说："阿姨，你们要到外面脱了，然后进来。"

米娅无奈地笑着说："好的。"于是带着宝宝走到门口，把鞋脱了，再次走进来。小男孩满意地离开去玩了。

聚会的时候，她和我们说起这个小故事，我们都对她的行为表示赞扬。确实，尊重孩子的敏感期，能够接纳并且保护孩子的这种敏感期是非常重要的。

我自己也经历过小永的秩序敏感期。每天早上我都会推着车将他送到外婆家，然后去上班。我发现，每次推到一个路口他都会非常吵闹。这个路口有两条路去外婆家，一条是开车的路，一条是上台阶从大楼前的长廊里走。

偶尔有一次路口被一辆轿车堵住了，于是我就把车推上台阶，从大楼里面把他推过去，他忽然显得非常安静。

第二天，我依然直接往开车的路上推，小永就开始大叫了，于是我想大概是这个原因，又绕回来把车推到台阶上面，从长廊里面走，小永瞬间就安静下来了。遇到一个门卫阿姨问："他叫什么呀？"我说："他想往上面走。"门卫阿姨很不屑地说："这么小，他懂什么呀。"我想说，他虽然小，但是他真的懂。从那天开始，我每次遇到岔路都会征求一下小永的意见，是往这里走还是往那里走。有妈妈说，这样不是很麻烦，万一他一会儿要这样一会儿要那样呢。我想说，其实不会，因为他每天都是要走这条路，这就是小孩的秩序感，当打乱的时候他会抓狂，但是如果遵守的话，是很固定的。

有秩序感的孩子，一旦遭到打击和破坏，他会经历很大的痛苦和困惑，这是成年人往往不了解的。蒙特梭利说：“儿童的心灵是一个神秘的深渊，照料他的成人并不了解它。当我们不了解的时候，让我们怀着敬畏之心，给他们爱和自由。”

所以我们必须放下自己的身段，了解孩子在这个阶段会发生的一些状况，给予宽容和帮助。他们可能会哭闹、会发脾气，但是我们必须理解这是孩子心智发育的一条必经之路，调整好自己的心态，去倾听、去观察，当秩序需要改变时，允许孩子把悲伤的情绪发泄出来，然后耐心地陪伴孩子建立和接纳新的秩序。

模仿与审美的敏感期

模仿是孩子心智发育的一个非常重要的过程。一个孩子的模仿阶段开始，等于一个信号告诉你，他已经开始准备去理解那些行动的含义了。模仿不光是一个孩子成长的转折点，也是人一生中很重要的一个行为，因为这是人类知识积累的一个至关重要的技能。

小永11个月的时候，模仿能力渐渐上升。学着爸爸吐舌头，学着大人一样，用手拍嘴巴发出“啊啊啊”的声音。

小永属于典型的早睡早起的孩子，每天早上我要安排好所有的事情，然后把他送到外婆家，所以早上会特别忙碌。在他还没有行动能力的时候，我总是把他放在小餐椅里面，让他跟着我一起刷牙洗脸。看到我刷牙，他开始模仿我刷牙，每天吵着要牙刷和杯子，我把牙刷和杯子给他，他会学我的样子把牙刷放在杯子里搅拌着，发出声音他就会很开心。然后把牙刷放进嘴里，学着我的样子刷牙。后来，我觉得这样不卫生，为了满足他这个兴趣，我特地给他准备了一个小杯子和幼儿牙刷。每天早上，我把牙刷杯和牙刷给他，让他跟着我一起刷牙，他一个人玩牙刷和牙刷杯能玩很久。一旦家长发现孩子进入了模仿期，父母要试着尽量满足孩子的需求，模仿是没有对错的，如果你不想让孩子学到负面的东西，一定要记得这个阶段自己以身作则，而非等以后孩子学到了什么坏习惯，你再去批评他，孩子都是父母的镜子，一定要谨记。

有一次，小永看见一个茶叶罐子很喜欢，他用自己一贯的方式准备拉开，结果无法打开。他将罐子塞给我，意思就是让我打开它。我在他的面前，用手指拉起盖子上的一根绳子，盖子就打开了。小永目不转睛地看着我这个动作，等我把茶叶罐交到他手里的时候，我惊讶地发现，他居然学着我用两个手指捏住那根线，然后慢慢把盒子的盖子拉开，拉开的一瞬间他就笑了。我感叹孩子惊人的模仿力和学习能力。这个阶段的家长在和孩子相处的时候，尽量放慢自己的动作，给孩子一点时间和空间，使他们能够学习模仿爸爸妈妈的动作，能平稳度过模仿的敏感期。

在幼儿的世界里，一旦开始模仿，孩子也会慢慢有一个审美的偏向性，他们心目中完整的东西才是完美的。审美的感觉在这个时候会悄悄地走进孩子早期的感觉和思维中。我在小永餐盘上放的小零食，他最早拿起的永远是形状最圆、外观最好看的一个。我给他掰开的馒头，他会推开，就是要我手上新的那个。

不同年龄阶段的孩子对事物的审美要求是不一样的。年幼的孩子更多接触的是食物，所以他们一定要求自己的食物是完整的。我很清楚地记得一件事情，我想给小永吃一块饼干，但是那个饼干很大，于是我掰了一半给他，他非常不高兴，哭着摇头摆手表示不要。我正在想他哭闹的原因，他指着桌子上的饼干表示还要，我就拿下来，他直接拿了完整的一块，然后就破涕为笑了。虽然那个大饼干他几乎也吃不了多少，但是他很高兴，这就是孩子对美好事物的最初认识。随着小孩年龄的增长，这些基础的审美会慢慢变化到自我形象，甚至是对环境、艺术等的追求。孩子的审美发展，他对美的定义和了解，对孩子今后的形象气质，以及追求的生活环境都有决定性的作用，甚至审美还关乎到孩子道德品质形成的一个方面。了解什么才是美，孩子才会端正自身的道德界限，决定了他一生的道德感。

小永会在审美敏感期的时候，挑选自己穿衣服的颜色和款式，如果不合心意就会拒绝穿这个衣服。在我上课的幼儿班里，我也遇到过类似的情况。一天在上课的时候，我给孩子们分发水彩笔，让他们画画。豆豆喜欢的橙色水彩笔被其他小朋友挑走了，豆豆坚持一定要那个颜色，而另外的小朋友又不愿意让给他，我身边也没有可以替代的笔。于是，豆豆开始在课堂里哭闹起来。我知道豆豆的色彩敏感期到了，于是我就跟豆豆说："豆豆，你能用其他颜色的笔吗？"

豆豆说："不行，我就要橙色的。"

"老师知道你很难过，因为不能用橙色的，老师相信你用其他颜色的笔一样可以画很美的花。"

"橙色的花才好看。"

“是的，橙色很好看，但是豆豆没法用橙色，所以豆豆难过了，对吗？”

“是的。”

“那豆豆是愿意等橙色的笔，还是用其他颜色的笔和小朋友们一起画画呢？”

“我想和小朋友们一起画画。”

“那豆豆来选一支其他颜色的笔，就可以和小朋友一起画了。”

通过反复对话，豆豆慢慢接受了没有橙色水彩笔的事情，选了其他颜色的笔，虽然还有些哽咽，但他觉得有其他颜色的笔能和小朋友们一起画画也不错。

身为老师，我知道这不是孩子的无理取闹，而是他的色彩敏感期所表现出来的执拗。通过慢慢地沟通交流，从这个水彩笔的事情就转移到情绪上，孩子也就没有这么焦虑了，然后通过让他把情绪发泄出来，再把这个事情慢慢转移，孩子就度过这个焦虑了。所以很多时候，对于儿童，我们需要理解他们心理的发展和表现，理解他们的情绪，再进行适当疏导。

在处理问题时，很重要的一点就是，一定要尝试着把孩子自身和孩子做的事情区别对待，你是爱孩子的，但是你不喜欢他这样做，让孩子感觉到这一点，孩子就会安心和有勇气面对自己的行为，因为他知道他的选择和你对他的爱是没有关系的。所以当孩子发生情绪纠结，一定要理解为先，不要动不动就说“我不喜欢你，不爱你了”。不同的敏感期，孩子们往往会有各种行为情绪的表现，有一些行为是可爱、有趣的；有时候则会表现出执拗、任性，甚至情绪失控。作为家长和老师，我们要了解孩子为什么会这样，理解孩子心理的发展，然后给孩子足够的耐心和关照，学会安抚的技巧。

构建自我，与自私无关

对于2岁多的孩子，我们经常说“terribel two”，因为这个时候孩子已经会表达自己的情绪，会说“不”，会否定，占有欲开始强烈起来，知道什么是“我的”，不愿意和别人分享，各种自我意识的行为都开始出现。所以不是说这个时候的孩子terrible，而是他已经不是你能一手掌握的小娃娃了，他有自己的想法和情绪了。

有时候带小永在小区里散步，经常会看到一些孩子争抢玩具的场面。一方家长总是劝说孩子要大方一点，让给其他小朋友玩玩，但是孩子往往会非常坚决地拒绝，甚至以哭闹来对抗。这时候父母往往感到非常尴尬，觉得没法改变和说服孩子，把孩子的这些行为解释为不够大方、太自私的表现。有些极端的家长会打骂孩子，甚至抢过孩子手里的玩具，递给对方的孩子。

实际上，这完全不是自私的概念，我们要了解孩子构建自我的状态，而不是将这个阶段等同于自私。自私是以自我为中心，甚至会有损害他人利益的情况发生。但是自我是指按照自己的意志来支配自己的行为，完全凭借自己的判断、情感来决定该如何去做。孩子出生的时候是没有自我这个概念的，还徘徊在母亲和外在世界之间，差不多1

岁半至2岁的孩子开始慢慢有了自我的感觉，这个时候孩子开始强调自己，会说“不”，会占有自己的东西，不愿意分享，在这种拥有的感觉中，孩子慢慢有了存在感，才能诞生自我。

所以作为家长，我们首先应该是理解孩子的这个心理发展过程，先去满足孩子的需求，不要随意谴责孩子，更不能打骂孩子，不要说一些刺激孩子心理的话，也不要强迫孩子去分享。如果你有一件很喜欢的衣服或者首饰，让你分享给朋友，你本能的想法或许也是不愿意，所以将心比心，我们也不要强迫孩子去这样做。在这个敏感期中，强制“分享”会对孩子的心灵造成伤害。

我们要保护好孩子构建自我的过程，孩子有了自我意识才能拥有更多的优秀品质，一个没有自我的孩子，会缺失宏观处理问题的能力。一个拥有自我的孩子，才会有独立的意识和人格。

那么，关于“分享”等优秀的品质，又该如何呢？家长不要着急，因为这种强调“我的东西”的敏感期只是孩子发展过程中非常短暂的阶段，一旦经历了这个过程，孩子将会进入构建自我的状态，他们就不会纠缠在这个分享的问题上了。一般到了幼儿园阶段的孩子，可以慢慢通过言传身教来教孩子“分享”的概念，这个时候的孩子处于社交的敏感期，他们自己也会非常愿意去分享自己的东西，以便结交更多的小伙伴，产生更多的社会关系和互动。在“社交敏感期”来和孩子探讨分享，才会得到事半功倍的效果。

社交与感情

人际交往的敏感期，是儿童成长和发展的一个重要需求。我们生活的关系中，各种问题都是由人和人之间的关系链接起来的，所以这个阶段将为儿童成人后的社交与感情的观念奠定非常重要的基础。

这个时候的孩子往往会思考一些人与人之间的问题，比如一开始他们通过交换一些食物和玩具可以获得一些朋友，再发展下去，他们会发现真正的朋友是要有共同的兴趣，建立在互相理解和关爱这个层面上的。然后，也会发现异性比较好相处，同性容易发生争执。他们会观察到父母之间的情感交流，也会问一些小大人的问题。

作为一名老师，面对学龄前儿童，经常会被问到一个问题，“老师，我们是从哪里来的？”这或许就是儿童最早考虑人与人之间联系的话题，也是儿童寻找安全感最早的问题吧。

我记得我们年幼的时候，问到这个问题，经常被告知是从垃圾桶里捡来的，或者是别人送到门口看着可怜养大的。这种成人看起来是玩笑的话，其实会对孩子伤害很深，即使孩子长大了，知道这些不过是笑话，带来的潜意识影响也很难消除。逗孩子是成人的一个习惯，也是一个严重的问题。有时候我们并没有逗孩子，而是说话随意了一点，就能给孩子带来烦恼。所以对孩子说话大意不得，说话时，请把小孩子当成和你一样平等的人对待。

我还记得自己小时候发生的一件事情。那个时候我大概是4、5岁，这段记忆有着深刻的印象。有一天我问妈妈，我是从哪儿来的。不知道为什么，家里人似乎都决定串通好来和我开这个玩笑，说我是从垃圾桶里捡回来的。那天也不知道为什么一根筋，自己跑到弄堂口的垃圾桶边站了好久，那个时候真的觉得很迷茫，就是拼命哭，那个垃圾桶的样子我到现在依然记忆犹新。后来，妈妈追了出来，问我为什么乱跑，要去哪儿？我真的不知道如何回答，要去哪儿？我记得我那个时候哭着说："去找妈妈。"我想那个时候，妈妈听到这个话应该也很伤心吧。我觉得这种笑话，有时候对于家长和孩子都是一种伤害。

所以面对学生问到这个问题，我从来不会编故事，或者认为他们是小孩子不和他们沟通这个问题。我身边有一本日版翻译的育儿教材，介绍的浅显易懂，还有卡通的图片，我会专门准备一节课让孩子们围在我的周围，用生动有趣的方式告诉他们，他们是从妈妈的肚子里生出来的。对于儿童来说，认识性别、性器官及感情，就像认识自己的身体和五官一样，性教育在西方很多国家都是强调的，而且从很小就一直作为普及的课程伴随着孩子的成长。性教育在中国一直被压抑，所以才会造成后期强烈的好奇心，然后就会发生一些不道德或者违法的事情。现在科技信息都很发达，小孩子也比以前早熟很多，所以我觉得有些话题不需要太过避讳，只有让他们了解是怎么回事，才能正确指导孩子们的言行。

大家都说，现在的小孩比以前的孩子聪明，最主要的原因是接受知识和信息的渠道越来越多。我经常在学校里听到，有小孩子对我说，"老师，我喜欢她/他""老师我将来要嫁/娶他"之类的话。感情的敏感期，婚姻的敏感期，都是这个阶段的孩子所要面临的问题。如果孩子进入了这个阶段，家长不用担心孩子的这些“童言无忌”，反而每一个父母都应该高兴，因为在这个敏感期中，我们可以培养儿童拥有良好的交友观念和婚姻观念，让孩子知道什么是“爱”，只有保护好孩子心中小小的爱，他将来才会拥有大爱精神。

感情敏感的初始阶段，应该是从观察父母开始的，爸爸和妈妈之间爱的表现，孩子会看在心里，然后发展到他自己的社交世界里，这是儿童情感转移的一个周期。所以这个阶段，父母要更加相亲相爱，为孩子营造一个温馨的家庭氛围，不要恶言相向，互相指责。只有父母相爱，相濡以沫，孩子才会在爱的环境中成长；感受这种爱的氛围，是孩子未来婚姻幸福的基础。家庭的爱也会给儿童带来强烈的安全感、稳定感，让他知道爱是一种美好且神圣的感觉。

5、6岁的孩子经过了感情、婚姻的敏感期，慢慢就进入了社交敏感期，这个时候他们开始不满足于一对一的形式了，他们开始三两成群，在团队的形式中寻找认同感，获得合作的愉快。所以这个阶段的孩子很喜欢互相表达爱意，这种感情是很单纯的依赖，所以爸爸妈妈不要以为这是孩子不懂事、乱说话，这是孩子在慢慢学习感情沟通，是他今后人际交往的基础。

孩子在情感的敏感期阶段，父母一定要给孩子一个温馨和睦的环境，适当引导孩子获得正确的情感观念，保护好他们心中小小的爱的火苗，并且教会他们和别的孩子快乐友爱的相处方式。

在我的教学中碰到过不少反面事例，因为缺乏正确的引导，有些处于社交敏感期的孩子无法与其他孩子建立快乐平等的关系。他们虽然只有五六岁，却因为觉得不被同伴接纳而感到受伤和忧伤。如果这种“不被接纳”“无法交好朋友”的感觉一直延续下去，是会对孩子的心理成长不利的。所以现在很多好的幼儿园和早教学校都已经引入了“社交能力”“情绪控制”“合作”等方面的课程。所以在孩子进入感情社交的敏感期的时候，家长不要去否定和压抑孩子的情绪，要鼓励他发现爱，并且正确引导儿童，耐心教会他们和别人的相处之道，比如和同龄孩子的交流和合作、和成年人的礼貌相对、和好朋友的相亲相爱。

对待孩子要慢一点再慢一点

儿童的整个生命是由一个接一个的敏感期组成的。我们所要做的就是在孩子产生感觉的时候，将概念告诉他，而不是在他没有感觉的时候强制灌输给他，甚至在孩子思考的时候，打扰破坏他的思维，这样孩子内在的敏锐感将被这种强制行为消磨殆尽。只有理解孩子的兴趣，并且保护这种特性，才是保护孩子天才的特征。

有一天我记得很清楚，那个时候大概是小永7个月的时候，我在给小永穿衣服，他平时穿衣服的时候最调皮了，一不小心他就翻身逃走了，那天特别安静，他目不转睛地盯着窗外，抬起小手指呀指。我顺着他指的方向望去，原来是有人在放风筝，很小很小的一个红色的风筝在天空飘着，不仔细看都不太能辨清。小永很专注地看着那个风筝，随着小风筝的左右晃动，他也左右晃动脑袋。衣服穿好，我就躺着小永的身边，顺着他手指的方向，一起看着那个风筝。小永似懂非懂地说着只有他自己懂的语言，我不想打扰他，就躺在他旁边，他不知道怎么就拉着我的手，我握着他肉肉的小手，房间里非常安静，几乎能听到彼此的心跳。我想这大概就是蒙特梭利说的儿童进行一个组织自我的过程，并且把这些东西都变成记忆。我在想，如果这个时候大人粗心一点，或者不停说话，可能就打扰了孩子安静的观察，那这个过程有可能就不存在了，而这一刻的平静，我到现在都记得很清楚。

所以有些家长抱怨孩子没有耐心，玩东西没有长心，这不是孩子的原始状态，而是他在观察或者游戏的时候，大人不经意打扰了他的活动。比如他在玩耍的时候，大人总是告诉他应该怎么玩，对孩子来说就会很压抑，一直被打断和纠正也会让孩子变得没有耐心，所以不用告诉他玩具一定要这样玩，画图一定要这样画，让孩子发挥自己的想象力，想怎么玩就怎么玩。等到他的敏感期到来，他会发现颜色、形状、味道、秩序、情感等各种有趣的存在。

第二章

忙妈妈的“黄金教子法则”

充分运用碎片时间

因为学校教学的特殊安排几乎每个月我都有大量一对一的家长会时间，在无数次与家长面对面单独的交流中，我常常得到这样一个讯息：现在的爸爸妈妈太忙了，他们忙得没空给孩子讲故事，没空陪孩子玩，没空和子女交流，没空去观察孩子的行为，研究他们的内心。家长们总是一再告诉我，疲于奔走在自己的工作和孩子的基本生活料理上；每天接送孩子、上班、回家做晚饭、吃饭洗碗、陪孩子做作业等，一天就这样溜过去了。他们也想做好父母，但实在没有时间去做更多的事情了。

缺乏时间，这成为了双薪家长的普遍问题。正因为如此，才衍生出了现代家庭教育的各种问题，比如家长完全把孩子托付给长辈照顾或者送去全托；家长花钱送孩子去各种兴趣班、特长班；家长在儿童很小的时候就给他玩高科技产品等。“父母的缺席”成为了现代家庭教育的一个特殊符号。虽然在家长会中，我一直强调爸爸妈妈在孩子成长教育中的重要性，但是这并不能解决现代父母生活繁忙的窘境。带着一份为家长解惑解困的心情，我思考起时间碎片的运用。

这个灵感的起源首先来自于一个家长的反馈。因为我们学校有语言的课程，我时常鼓励家长在家里陪伴幼龄的孩子听学校配置的CD，其中包含了大量的音乐和儿歌。有个爸爸在家长会中告诉我，他工作极其繁忙，平时还经常加班，但是他坚持做到这一点，就是每周两次开车接送孩子去我们学校的路上一定会播放CD；一周两次的一接一送，这样至少保证了一周四次爸爸会和孩子一起听儿歌，一起吟唱歌曲，一起复习，因此孩子的学习进步稳定。

这件事也使我回忆起自己的童年，记得很小的时候父亲每天都会用自行车载我去幼儿园，每次去的途中，爸爸都会教我一首唐诗或者给我讲个历史小故事，而下午回家的路上爸爸则会考考我是否还能背诵诗歌或是否记得故事里的小情节。一开始，父亲或许只是为了打发这40分钟的无聊时光而想出的主意，渐渐它却变成我们之间的一个固定节目，变成记忆中我与父亲之间相处的一个黄金时刻。虽然那时我才是个4、5岁的小娃娃，每天我却殷切地期盼着幼儿园来回路程的美好时光。每次一坐上自行车的小椅子，我就会充满期待地问爸爸：“爸爸，爸爸，今天你要说个什么故事，要教我什么诗呢？”每次跟着爸爸一起念诗，我都会学着古代学堂里的学子那样摇头晃脑地念着。至今我记忆中大半的古诗词都来自于幼年的朦胧回忆，甚至那些错误读音都源自于父亲带着上海口音的普通话，而那些让我听得如痴如醉的小故事，更是为我打开了整个历史文学宝藏的秘密洞口。

当我再次仔细思考家长的“没时间”问题时，我感觉到其实家长所谓的“没有时间”指的是“没有大块的时间”，他们忽略了生活中点点滴滴和孩子相处的“小小时间”，比如接送、吃饭、做家务、早上起床、刷牙洗脸等“碎片时间”。如果能有效支配运用起这些“碎片时间”，家长会惊讶地发现，它们的使用价值是如此惊人。

我们先来看看“碎片时间”的概念。“碎片”，从字面意义上看就是指完整的东西被切割破碎成了零星的小件。在我们的生活中，存在着许许多多零碎的小块时间段，而碎片时间就是指这些被人们所忽视和浪费的小块时间段。它们长则有半小时至一小时，比如上班、上学的路上；短则只有几分钟，如超市排队的等待时间。如果我们把一天中的碎片时间叠加起来，恐怕也有两三个小时之久。这些看似闲散无用的小时间，其实都是我们可以去珍惜的时间资源。在很多个人成长、时间管理的书籍中都强调过“时间碎片”的重要性，甚至在手机游戏应用的研发中，这也是个重要的概念，但很少有人把它运用于家庭教育。很多时候，家长忽视、浪费了和孩子在一起的小时间，与其把碎片时间用在手机的“切水果”“连连看”上，家长们不如来学学如何充分将这些时间运用在孩子的教育上。

和孩子在一起创造碎片时间

作为家长，时间碎片有两种，一种是和孩子在一起的“时间碎片”，另一种是和孩子不在一起的“时间碎片”。我们这里侧重于前一种情况并给出建议：

创造接送的黄金时间：不管是有车一族的爸爸妈妈，还是走公共交通甚至骑自行车的家长，接送都是很宝贵的亲子时间，而且这是碎片时间中相对比较“大”、比较“完整”的时间块，家长一定要充分利用。家长可以参考上面的事例，根据自身的情况，创造属于你们和孩子的有趣节目。比如对于学龄前幼儿，接送路途上我们建议更多的是和孩子讲故事、读儿歌、听音乐，提高孩子的词汇量。让孩子在有限的和父母的相处中接受到更多的信息量，并能对家长的信息输入进行有效的反馈和互动，如回答爸爸妈妈故事里的小问题，跟爸爸妈妈一起吟唱儿歌、童谣等；而对于大一些已经有一定知识储备的孩子，家长除了可以传递知识，也可以和孩子做一些有趣的游戏比赛等，比如爸爸和孩子一起来成语接龙、唐诗接龙等。另外，知识渊博的家长也可以提出一些主题，这可以是生活中的方方面面，友谊、家庭、体育、兴趣等，甚至环境和时事都可以作为谈论的主题，鼓励孩子表达自己真实的看法，哪怕是幼稚不成熟的观点，接纳他的想法，然后和孩子一起讨论。在这个过程中，培养他们的表达能力、归纳能力，拓展孩子的思维和知识面。

小永9个多月的时候我开始上班，每天晚上我坚持把孩子带回自己家，然后每天早上再送到外婆家去。每天这个一接一送我也很珍惜，早上的时候，我会跟他聊天，告诉他这是什么，那是什么，告诉他颜色，告诉他猫猫狗狗，对于孩子来说是很好的语言刺激。晚上回去，只要天气好，我总会带他在小区里面转转，带他玩一会儿滑滑梯，或者荡秋千，然后跟他聊天。有些人总说小孩子还不会说话和他说话有什么用，其实不然，你那些嘀嘀咕咕的语言，对孩子来说是很好的开发，对他日后语言能力的形成是很有帮助的，所以家长一定不要忽视每一分、每一秒。

饭桌上的会议：对于双薪父母来说，晚饭时间或许是和孩子最固定、最频繁的一个时间段，也是孩子和大人最轻松自在的一种相处状态。尽管从健康的角度提倡“吃饭不说话”，但其实很少有家庭能做到这一点。我们都有小时候晚饭是家庭聊天会议的回忆。

站在教育的角度，我们提倡家长要尽量保证和孩子一起吃晚饭。对于低龄的儿童，为培养其良好的饮食习惯，可尽量不安排内容，做到“吃饭不说话，吃饭不看电视”；而对学龄后的儿童，我们建议在饭桌上讨论的是积极轻松的话题，或者鼓励孩子在吃饭后和父母一起做清理工作，尽量传递给孩子开朗正面的信息；给孩子更多的机会表达、和倾诉，让孩子们告诉你一天来他们发生的事情，特别是他们遇到的一些问题。这是建立亲子间良好沟通的大好时机，家长在孩子最放松自然的状态下，有机会走进他们的内心，不要忽视他们所表达的琐碎小事，不要敷衍回答他们的困惑。

早安与晚安：在西方大部分家庭都有给孩子讲睡前故事的习惯，很多出版社都有专门的“Bedtime Story”（睡前小故事）丛书。在我的童年时期，这样的教育习惯尚未在我国形成，但是现在不同了，很多爸爸妈妈已经越来越重视孩子的教育，他们从西方学习了新育儿方法，其中也包括了重视孩子临睡前的时段。“睡前的晚安”我们会在下面的篇章中详细阐述，这里我要侧重介绍如何利用早晨时光。建议家长给孩子们营造一个朝气勃勃的早晨，时间再赶，动作可以快，但是家长心不要烦乱，不要让孩子一大早就面对一种紧张恐慌的气氛。爸爸妈妈叫孩子起床时不妨给他们一个吻、一个拥抱，让他们一起床就感受到爸爸妈妈的温暖，感受到这是美好的一天。如果你对孩子微笑，孩子就是你的镜子，你也会感受到孩子的喜悦；如果你早上愁眉苦脸，你的孩子就会受到你的情绪的波及，然后表现出更加烦躁的情绪，你就会觉得整个早晨情绪失控，这是恶性循环的。在短短的20分钟或者半小时内放一些广播或者轻快的音乐（对于在学外语的孩子，早晨建议放一些英语儿歌），让我们在音乐的韵律中让身体慢慢恢复活力。听音乐是一个被动接受的过程，刷牙洗脸甚至吃早饭都不会被耽搁，但是孩子的耳朵却在有限的时间里接受到了更多的外界刺激和讯息。这对于语言的学习（不论是母语还是第二语言）都有非常大的帮助，更重要的是我希望中国的家长能摆脱那种紧张慌乱或者懒散颓废的早晨气氛，让孩子从每天的最开始就能感受到生活的甜美阳光，能用积极开朗的心情去面对新一天的生活。

小碎片时间：生活中其实充斥着大量的小碎片时间，如等待时间、购物时间、做家务的空隙时间、洗碗时间等。不要一忙起来就对孩子不理不睬，不要把孩子扔给电视或者Ipad。做任何事都可以让孩子参与进来，给孩子一些小任务。比如，等待的时候，可以让宝宝数数前面还有多少人；购物时，试试让宝宝在面前的货架上找一样妈妈需要的东西，培养他们的观察力；在洗碗的时候，可以让孩子帮忙递碗筷，不要怕他们打碎碗。重要的是，让孩子参与进来，增加一切有可能的互动，并且在互动中有意识地培养孩子的能力和责任心。

以上这些都是我们家长可以去做，而我们可能忽略的。其实，像这样的碎片时间还有很多很多。有人说“世界上没有坏爸妈，只有懒爸妈”，我觉得应该说“世界没有坏爸妈，只有笨爸妈”。聪明的爸爸妈妈在快节奏的今天，除了要会动脑筋挤时间外，更重要的是高效利用和孩子在一起的“碎片时间”。既然那么忙，更不能浪费在一起的任何小时间，哪怕是再琐碎的时间，只要爸爸妈妈花点心思，都可以打造成高品质的亲子时光。

睡前陪伴对于孩子来说是弥足珍贵

对于上班的父母来说，睡前陪伴是工作日唯一和孩子相处的机会。

我一直很反对有些父母因为各种借口，比如工作忙之类的，把孩子全权扔给长辈照顾，甚至晚上和长辈或者保姆同睡。这是家长逃避了自己的育儿责任，在亲子教育中，没有什么比和孩子建立亲密感更重要的事情了，如果你由于自己的原因，牺牲这个睡前陪伴的时间，其实是得不偿失。

小永除了月子里晚上由月嫂照顾，方便我休息恢复身体，从2个月开始，每天晚上都跟着我睡。小永是属于睡前需要哄睡的性格，这不是因为惯坏了。很多老人都会说，要哄睡的孩子都是惯出来的毛病。其实不然，这是孩子的天性，有些孩子生来就会自己睡觉，吃个小手，玩个玩具就能自己入睡；有些孩子则不会，临到睡前往往会烦躁不安，需要大人进行安抚才能安静入睡，我们家的属于后者。我已经接受了每天晚上小永需要花费很多精力去陪伴他入眠，刚开始的时候我也会有些情绪，觉得为什么他不会自己睡觉，也曾经想用cry down的方式让他自己睡，后来读了很多育儿方面的书籍，才知道这也是孩子的天性。作为一个母亲，不要去伤害他，而是要帮助他安然入睡。这段睡前时间应是完完全全属于你和孩子的，既不可分心，也不可有被强迫的感觉，否则很容易失去耐心。小孩子很小就懂得看大人脸色，家长不能把哄孩子睡觉当成工作，抱着“孩子睡了我就比较轻松、可做自己的事”的想法，这样会伤害孩子的情绪。

我曾看了一篇报道说，现在很多小孩有恋物癖，儿童教育家认为，这是由于安全感缺乏引起的，那么想要防止幼儿产生“恋物癔”，就要从增强孩子的安全感入手。往往孩子所依恋的东西是在睡觉中起到了很重要的作用，所以对于父母来说，改变孩子的这种“恋物”最好的一个办法就是睡前陪伴。

其实不光是孩子，大部分的人都在本能上害怕噩梦和黑暗，所以硬要将孩子与父母分开，对孩子来说是一件很难接受的事。孩子从母亲温暖的羊水中来到这个充满危险且完全陌生的世界，这本来就是一件很害怕的事情，没有母亲的体温，对他来说什么环境都会变得没有安全感。有些父母受到一些严厉派育儿法的影响，认为婴幼儿一定要自己睡，一定要和父母分开，这样才能锻炼他的能力，才能自立。殊不知，小宝贝每天晚上和黑暗进行心理斗争，也会引发很多问题。很多幼儿就是在入睡前害怕，又没有得到父母的安抚，在不安中染上了“恋物癔”。

作为一个母乳喂养的母亲，我是提倡母婴同床，方便哺喂，即使是夜奶也不是全醒状态，可以让孩子和母亲都休息好。

但是也有些妈妈比较敏感，觉得孩子睡在身边没办法睡好，可以采取同室的方式，让孩子睡小床，方便照顾。如果孩子还比较小，我不太建议睡另外一个房间，有些妈妈说可以用夜视探头观察孩子的情况，我想说这种方法实在是太残忍了，至少我是不会这么做，用一个机器陪伴孩子睡眠。

不管采取哪种方式，我们鼓励父母尽可能在睡前陪伴孩子，唱催眠曲或读一两个美妙的童话，亮一盏小灯，等孩子睡着再离开。

现代男女愈来愈重视平等，在各方面权利争取平等的时候，我想说父亲在教养孩子中的位置也应该得到重视，教育孩子不只是妈妈一个人的事，爸爸也应该加入进来。最近热播的《爸爸去哪儿》就是让父亲参与到孩子的成长中来，在这个综艺节目中，我们看到各种性格的爸爸采取不同的教育方式，不管方法正确与否，这体现出了现代家庭越来越重视爸爸在孩子的教育和生活中担任的重要角色，而不是以前的旧观念“男主外，女主内”，父亲几乎不参与孩子的成长教育，把关于孩子的一切都交给了母亲。

经过了很多的宣传和实践，多数家长也都了解到，父母双方一同参与教养工作，才是对孩子最有帮助的，因为父亲所能给予孩子的教益和影响是不同于母亲的。林语堂先生在《京华烟云》中就提及到木兰受到父母不同的影响，母亲给她的是“世俗的智慧”；父亲给她的是“知识”和“大智慧”。虽然现代家庭结构已经改变，但是在我多年从教的观察中，我发现母亲往往给予孩子更多的关爱，传递给孩子更多细腻的情感影响；而父亲的行为则更容易培养孩子的勇敢大气。另一方面，从亲子角度看，如果只有妈妈在陪伴孩子玩，孩子就会觉得爸爸好像比较喜欢工作而不爱自己，这种“父亲的缺失”对于孩子来说也是一种伤害。所以只要小永爸爸回家早，我都会坚持让他一起陪伴孩子睡前的这段时间，帮孩子一起洗澡，一起做抚触，给孩子唱歌之类的。

双休日，我也会让小永和爸爸多一些时间相处，小永月龄的时候，双休日会让他爸爸抱出去一起晒太阳，等到现在1岁半，每个周末我都会安排亲子活动，比如去有意思的地方一起玩，去吃很好吃的东西，每隔一段时间，会全家一起出去旅游。

其实，男人和孩子玩的方式往往和女性的视角不一样，对于孩子来说是很好的一种锻炼，所以妈妈们也要给爸爸们做好思想辅导工作，让爸爸们一起承担睡前陪伴的这个责任，对于亲子沟通和孩子将来的智力发育都有增益的效果。

在睡前陪伴之前，我们也要了解自己孩子的睡眠情况，刚出生的宝宝睡眠时间比较长，几乎是吃了就睡，睡醒再吃的状态。随着宝宝月龄增长，睡眠时间会慢慢缩短，这就表示白天需要陪伴的时间增加了，可以多和宝宝说说话，进行一些亲子游戏。这个时候再强迫他白天睡很长的觉，就会导致夜晚不易入睡，所以一定要了解孩子成长发育的特点。

为什么这么多育儿专家都在强调睡前陪伴的重要性呢？这是因为睡眠不光是身体得到休息、补充体力和维持身体发育的重要环节，更是大脑智慧发育的过程，其中也包括情绪。所以，如果孩子能够在父母的陪伴下，安心平静地进入睡觉状态，对孩子的情感、信念的培养都很重要。

这里有几个睡前的小方法，也是陪伴小永成长的，推荐给大家：

◆对于小月龄的宝宝，可以采取睡前按摩的方式，洗完澡后即可进行，帮助宝宝按摩身体。在了解孩子的睡觉时间后，提前一个小时左右帮孩子洗澡，然后做一些简单的按摩。这个过程就像一个睡前仪式，长期固定地进行，也可以让孩子了解到，接下来需要睡觉了，对于孩子睡眠时间的稳定也是很有效的。按摩不光可以帮助孩子强身健体，还可以促进孩子的睡眠质量。通过按摩的这个过程，也可使亲子关系更为紧密，可谓一举多得。

等到孩子大一点了，可以和他玩认识身体的游戏，按摩到哪个部位就明确告诉他这是什么部位，等按摩完了，可以点一个部位，让孩子说出名称。也可以让孩子模仿你按摩的动作，让他帮你按摩一遍，不仅可以让孩子锻炼自己的动手能力，还可以加强和孩子之间的互动。也可以面对面坐着，玩点五官之类的游戏。

◆2-4岁的孩子，可以让他们认识夜晚，可以在天花板上贴上星星、月亮，也可以采用一些卡通的投影灯，让孩子躺在床上并把灯关上，接着运用儿歌、唱歌的方式，带孩子认识夜晚。我就买过一个投影灯还可以投射出一些星座，现在只能给小永看投射出的星星、月亮。现在，他还没有办法了解星座的概念，但是等以后他大一点，我就可以将这些星座的小故事讲给孩子听，不光能让孩子掌握一些小知识，还能陪伴孩子进入香甜的睡眠。

◆当孩子能看懂一些文字和图片的时候，可以选择亲子共读，选择一本有趣的绘本，一边念里面的故事给孩子听，一边加上生动的手势与声音表情。也可以让爸爸参与进来，和妈妈一起给孩子读，担任不同的角色，用不同的语调和声音，共同营造一个睡前温馨的氛围，帮助孩子入眠。

孩子要不要早教

不知从何时开始，社会上开始流传这样一句话："不能让孩子输在起跑线上。"然后，形形色色的早教机构拔地而起，在我们国家如雨后春笋一般。家长对于早教的态度也是各式各样，有奉若圣旨的，也有嗤之以鼻的。那么，早教到底好不好？需不需要呢？我们先来看看这两个宝宝。

东东，男孩子，今年6岁。东东的爸爸妈妈是早教的坚决拥护者，他们坚定地认为，如果孩子在入小学前不能掌握各种知识，上了学就来不及了。而且，现在很多好的小学入学是需要孩子的简历的，没有数技之长怎么能PK过其他孩子呢！再者，家里经济条件不错，爸爸妈妈都在外企工作，不差钱。何况老话说得好，省什么都不能省了孩子的教育。

当东东还是个奶娃娃的时候，东东的爸爸妈妈已经到处打听邻居家的宝宝都去了什么学校，哪里的早教机构比较正宗，有什么特色等。东东周岁时，爸爸妈妈就带着他出入各种早教机构，从最初的宝宝音乐课程、游泳课程，到后来的思维拓展训练、智力启发课程。等东东进了幼儿园，更是频繁出入各种早教机构的试听课程，爸爸妈妈更是综合了各种情况帮孩子报了一个又一个班。现在，东东一三晚上要去学英语，周末还参加了各种兴趣班：周六上午学钢琴，下午去语文写字班；周日上午要参加小奥数，下午还有绘画艺术班。不仅宝宝没有双休日，爸爸妈妈其实也觉得很辛苦，每个周末都要又接又送的，但是能怎么办呢？他们觉得孩子的教育太重要了，无论如何他们都希望给东东最好的教育，每周还是坚持不懈地把孩子往各个班送。东东才只有6岁，已经有了小小黑眼圈了。

琳琳则是另外一种情况，她是个漂亮的女孩子，她的爸爸妈妈对早教相当排斥，认为早教班都是骗人的、没有用的。何况把孩子折腾得那么辛苦，何苦来哉！琳琳的爸爸妈妈崇尚自然的管教方法，偶尔也会对孩子进行性格上的塑造，但是大体上琳琳的爸爸妈妈认为孩子会树大自然直，不用特别做什么，所以对琳琳一直是处于“放养”的状态。孩子的幼儿园也是就近很普通的幼儿园，她平时除了常规的幼儿园课程，从来不去任何兴趣班、补习班。爸爸妈妈也很少研读早教方面的书籍或者关心这方面的讯息。今年琳琳7岁了，刚从幼儿园升入小学，问题来了。才上了一个月的课，学校老师就反馈了两个问题给家长：一是孩子写字不是非常好，需要练习；二是很多孩子在入小学前都学过英语，有一定基础，胆子很大很敢说，但是琳琳没有任何基础，幼儿园里只学过零星单词。现在，在班级里一上英语课，其他小朋友都说得很好，琳琳觉得压力很大，说错又被别的孩子嘲笑，她一下子失去了信心，更加不敢开口了。琳琳小小的年纪刚到小学就遭受了挫折，回来有点闷闷不乐，爸爸妈妈听闻后再看看孩子气馁的样子，也惆怅了起来。他们觉得，自己在最自然的条件下让孩子快乐成长了6年，现在一到小学就和学校的紧张教育对立起来了，孩子也没那么快乐了。到底是学校教育有问题抹杀了他们的自然教育，还是他们的教育方法有问题呢?

东东的爸爸妈妈和琳琳的爸爸妈妈其实并非个别现象，像他们这样的父母在我们的身边比比皆是，好多家长都烦恼于究竟要不要送孩子去早教，去了会不会拔苗助长，不去又怕以后比不过别人家的孩子。作为教育者，在我看来，东东家长是过度早教，而琳琳家长则忽略了早教，他们都犯了同一个错误，那就是把“早教”和“早教机构”等同起来。首先，家长要明白这是两个不同的概念，不是认同前者就坚决拥护后者，或者是反对早教机构就要全盘否定早教。

我认为正确的观点应该是：家长要万分重视早教，但要慎重考虑是否送孩子去早教机构，以及怎样的早教机构更适合儿童的发展。

我们从敏感期的章节已经认识到，孩子在0–6岁是他们成长最早的黄金期，也是智力形成、心理发育的定型期，这个阶段对孩子的一生有重要意义。不仅如此，科学家认为0–6岁是人类脑发育最迅速的时期，尤其以0–4岁最明显。这短短4年里孩子的大脑发育将达到成人75%–80%的水平。所以在这一阶段，孩子需要良好的教育环境和充分的刺激来促进大脑的发育。人类大脑发育的速度是遵循递减的，0–4岁最快，之后就越来越慢，到儿童12岁后这种发育就会变得很缓慢。从这些数据中可知，早教的意义非常重要。在国外，早期儿童教育(Early Childhood Education) 是作为一门很大的专业课题来研究的。

我们先来看看从来不去早教机构也不进修早教知识的琳琳父母。他们的问题在于太过自信，认为什么都不用做，孩子就会健康长大。琳琳的父母并没有真正了解到孩子在0–6岁的时候，家长需要给予孩子一定的辅助。在教育问题上，我反对这种“无知者无畏”。现在，家长缺乏的不仅仅是早教知识，更缺乏谦逊敬畏的态度。有些家长因为自己都是受过高等教育的，所以在孩子的教育问题上往往很随意感性地提出了某些观点和教育理念，本身并没有钻研过孩子在某个年龄段到底需要家长去做什么，从而错过孩子很多能力发展的敏感期。

比如，琳琳的爸爸妈妈虽然有意识希望孩子快乐成长，这个想法是对的，但是他们不知道孩子五岁和六岁的时候需要强化手腕力量和精细动作，从而帮助他们入学后握笔的控制力和写字的耐力、稳定性。培养孩子手腕精细动作的方法是很多的，可以是有趣的拍皮球、用蜡笔涂色，或者帮妈妈做简单家务、拎小件物品。如果孩子在幼儿园大班的这个年龄段没有充分锻炼到手腕，那么，结果势必是孩子在小学初级阶段写字会遇到困难，并且可能孩子以后长期写字会没有形。家长一味排斥早教和早教机构，又没有从其他渠道去了解和学习幼儿教育的知识，错过了培养孩子能力的好时机。而这样的家庭一旦在之后孩子的求学道路上与公立学校的教学目标相勃，家长又会轻易认为是现在的教育体制抹杀了孩子的天性。其实，这种都是不了解早期儿童教育的结果，对孩子的成长是有害的。

早期儿童教育的意义至关重要。如果家长能花时间和心血了解孩子在什么阶段需要去发展的智力和体能，观察孩子，培养孩子，他们可以选择不去任何教育机构。在信息如此发达的今天，儿童早期教育的知识和内容也可以从网络或者专业书籍中得到。在点滴生活中，父母的一言一行都是对孩子的教育，有意识、有目的的小游戏和活动都能帮助孩子更好的成长。

如果家长对自己信心不足，觉得自己实在没有这样的精力在家中自己教孩子，送孩子去外面的早教机构也是一种选择。那么，在这种情况下，爸爸妈妈一定要慎重地帮孩子选择适合的早教学校，它必须是专业机构，师资也一定要是正规而有经验的；而且孩子去学习，心理状态要是快乐的。好的早教应该是让孩子快乐的，能激发他们对世界的“好奇心”，能培养他们对各种知识的兴趣，并且能根据孩子的生理性、心理性帮助孩子成长。

更为重要的是，家长一定不要让孩子“过度早教”，不要把他们的时间都填满。比如东东的爸爸妈妈，他们希望孩子什么都要学，什么都要好，结果把孩子搞得疲惫不堪，这是典型的“过度早教”。

麻省理工学院的总面试官蒋佩蓉女士曾经提出过一点，她说这个世界得了忙碌病。生活越忙碌，我们越没有耐心和同情心，越没有时间来倾听孩子的内心，忙碌的状态破坏了我们的内心。不仅如此，我们还把这种忙碌病传染给了孩子，他们的生活被过度安排，几乎没有余暇思考、游戏或者与自己的内心世界对话，更不用说去培养爱心和同情心了。

早期儿童教育确实重要，但是我们鼓励家长要合理安排孩子的时间。过度教育、过度安排时间的结果就是我们培养出了高分低能的孩子，他们可以有一叠叠的证书，能在考试中出类拔萃，但是内心依然脆弱迷惘。就像农田和海洋有休整期，万物生长有周期，过度耕耘和过度捕鱼都会破坏自然生长，孩子的成长也需要时间和周期，拔苗助长只会得不偿失。试想如果孩子永远都是在赶往某个兴趣班的路上，永远都是忙忙碌碌、匆匆忙忙的，他们怎么去体会知识的趣味，怎么去感受世界的美丽；如果没有心灵的休息，孩子该如何去体会画画中的美好，弹琴旋律中的悠扬，游泳中的畅快淋漓。

所以，选择早教机构的家长一定要有所取舍，不要把孩子的时间都填满。我们不用把孩子打造成无敌全能的天才儿童，不必把双休日全都交付给各种兴趣班。留个整天给孩子吧，爸爸妈妈不妨带孩子去公园玩，去远足，去田野里快乐地奔跑，去海里愉快地游泳，去参观有趣的科技馆、水族馆，去星期八小镇做做小大人游戏。这些都将可以是早教最好的地方，都能让孩子健康快乐地长大，也享受到学习的快乐和美好。

别让孩子成为高科技的俘虏

在新闻里看到这样一个故事：华华是个2岁半的孩子，这段时间妈妈发现孩子看东西好像很吃力的样子，总是眯着眼睛。第二天，妈妈就把华华送到医院做眼科检查。他们惊讶地发现才小小年纪的孩子竟然有了500度的近视，华华妈妈这才后悔不已。原来，华华妈妈是个高新科技产品的忠实用户，平时她玩iPad之类的产品，孩子从一岁半开始就跟着妈妈接触到了iPad。大人抱着偷懒的心情，一旦孩子哭闹不听话，他们就把iPad扔给宝宝玩，面对着五颜六色有趣的画面，孩子自然也就充满好奇地玩了起来，不再对家长纠缠哭闹。

当华华两岁时，妈妈更是更新换代用起了iPad3，还下载了很多儿童的学习应用，如画画应用，讲故事的应用等，华华妈妈希望能利用高科技产品让孩子在游戏中学习。在这样的想法下，小华华用iPad的时间也是越来越长。正是由于这样过度的使用，最终导致了孩子500多度的假性近视。另外，中南医院也碰到过相同的案例，同样是电子产品的小粉丝，8岁的小学生已经是近视700多度的高度近视了。

在我任教的这么多年来，我自己亲眼见证了孩子对于电子产品的依赖。最初，孩子会在课间打电玩，一堆小男孩围成一圈看中间的小男孩打psp；后来，越来越多的小学生开始有了自己的手机，下课经常看到他们在用手机玩里面的小游戏；现在，愈演愈烈，学龄前的儿童在上课时，爸爸妈妈们在走廊中玩iPad，一到课间，孩子们纷涌而出，接过爸爸妈妈的ipad，一边玩游戏，一边吃零食。记得网上曾经流传过一幅照片，照片中一桌大人在聚会，而饭桌上的每个孩子人手一台ipad都在专心致志地玩耍。如果说这幅照片当时的意义含有夸张和讽刺，现在则多少变成了现实。

网上有个数据，根据复旦大学新闻学院的曹晋教授等人对杨浦区爱德双语艺术幼儿园、复旦大学附属幼儿园的100名学生及其家长的调查显示，学龄前儿童对iPad一类新媒介产品表示了极大的兴趣。其中，非常喜欢的占41.2%，比较喜欢的占40.2%，一般情况的占14.4%，在所有被调查者中，不大喜欢或不喜欢的仅为4.1%。几乎80%以上的孩子们都对这种新技术产品表示喜欢和感兴趣，iPad宝宝更是出现低龄化的趋势。

要值得关注的是，低龄的儿童基本没有很强的自制力，一旦喜欢某些东西，往往就会产生痴迷。有的ipad宝宝对ipad的迷恋已经到了无法控制的地步。他们每天就是用ipad玩愤怒的小鸟、切水果等游戏，有的孩子睡觉了还要把iPad放在枕头边，否则会睡不着。更有甚至，调查中提及2个幼儿园大班的女孩子，尽管才区区六岁，两人竟然已经熟悉网购流程和技巧，还会自己用ipad上淘宝买东西。因为两个女孩的家长都工作繁忙，她们放学后就常常聚在一起买东西、玩游戏。这样的调查结果都是我们不愿意看到的，让人不得不为高科技对孩子的影响感到忧虑。

尽管很多家长会说给孩子玩ipad是因为觉得电子产品对孩子有正面影响，但其实真实的情况往往是家长觉得自己下班回来很忙、很累，无力陪同孩子。电视、ipad和手机等都能够让孩子安静独立地玩很久，让家长从照顾孩子中解脱出来，自己也能投身到自己的娱乐中去。现在，很多家庭吃过晚饭后，往往是爸爸妈妈和宝宝各玩各的，有的看电视，有的玩ipad，有的玩电脑。家长的惰性造成了家庭中成人对孩子越来越忽视，放弃了对他们的塑造和影响，而放任媒体和电子产品来影响他们。这直接导致了现在孩子整体性对高科技产品的沉迷，导致家庭中缺乏交流。昨天在网上看到一句话，它说“世界上最遥远的距离是：我在你身边，而你却在玩手机。”难怪有人说现在的孩子是“孤独的一代”。父母一方面拼命工作在经济上给孩子创造更好的条件，另一方面又身心俱疲，不愿意花费精力与孩子建立心灵与心灵的亲密关系。

从更深远的角度看，我们的孩子的注意力正在被高科技产品和大众传媒所侵蚀。英语教授马克·鲍尔莱有一著作，名字很长，叫作《最愚笨的一代：数码世代如何麻痹了年轻的美国人并危及着我们的未来（或，不要相信任何30岁以下的人）》，在书中他就提到了现在美国青少年正在被数码时代的各种娱乐消遣的科技产品所淹没，他们普遍素质下降，学生们无法静下心来阅读，面对需要理解的复杂文字他们也只是发呆。孩子们的注意力在丧失，语言能力在削弱，内心浮躁而知识贫乏。马克认为，这正是高新科技和大众文化所造成的结果。

在我们的生活中，的确能感受到这种变化，孩子们在阅读上的时间和精力越来越多得被ipad或者网络所取代，各种电子影像中全景切换的秒数越来越少，这也是为什么越来越多的孩子表现出“厌学情绪”，觉得上课没意思，因为他们习惯了接受五彩缤纷的动态信息，习惯了画面频繁的切换，即时互动的交流模式，课堂上老师的游戏很难抵抗电子游戏的刺激感。更有甚者，有些孩子患上了注意缺陷与多动障碍。并且，当青少年把大量时间投入到高科技游戏、投入到刷微博、微信朋友圈等虚拟的网络活动后，他们的精力被无意义的虚拟活动消耗了，他们的精神活动被大量的垃圾信息霸占了，他们区分现实和虚拟的能力也在减弱，这个趋势是需要所有家长和教育者心声警惕的。我衷心希望我们的孩子，我们的年轻一代不要成为马克笔下无法思考、内心贫乏的愚笨的一代。

今年四月，为了孩子的身心健康，国家卫生和计生委也为此颁布了一些规则，其中明确提出，0到6岁儿童操作电子视频产品时间每次不宜超过20分钟，每天累计时间不得超过1个小时。而且，2岁以下婴幼儿更要尽可能避免使用电子视频产品。家长要限制儿童少年对于高科技产品的过度使用，谨防他们对电子产品的痴迷。

曾经在微博上看到一个漫画家倡导过几条原则，就是父母应该怎样以身作则抵抗电子类产品。他提出：父母两人只要在一起就不当着孩子的面使用手机，除非是重要电话；只要孩子醒着就不玩游戏、打电脑，尽可能多地陪伴孩子；不把ipad等电子产品作为孩子早教的工具，多通过言传身教的方式。这条微博引发了很多家长的转帖，表示支持，但是真正能做到的不知道有多少，希望有责任心的家长在转发的同时也自我鞭策。如果自己都做不到，怎么要求孩子呢？让我们所有家长肩负起自己的责任，给予孩子更多的关注，带领孩子一起玩耍，一起做一些体能和智力的游戏，不把ipad、电视、电脑当作“电子保姆”；教会孩子区分真实世界和虚拟世界的同时，创造人与人之间更多的互动，在真实的接触中塑造孩子的心灵世界。

第三章

爱和规矩的尺度

尊重孩子的主体意识

在微博上看到这样一件小事，说在地铁中遇到一对父子出游，儿子说："爸爸，好累啊！"爸爸说："小小年纪累什么？"过了一会儿，儿子又说："我真的好累啊！"爸爸说："你再说累我就马上把你送回家。"就这样，父亲不断地否定孩子的感受，孩子渐渐沉默不语了。这看似在生活中极小、极平凡的一件事，细细想来却发生在每天、每个孩子的身上。

蒙特梭利曾经描述过一个孩子眼中的"巨人世界"。在这个长着两条特别长的腿，走起路来很快的巨人的世界，孩子们处处受制，举步维艰。他们想玩，却不知为何总被巨人们无端地制止；他们想坐下来休息，可椅子比他们的肩膀还高，爬上去还需要巨人的帮助；他们想要自己慢慢地品尝食物，巨人们却一把夺过汤勺很快速地喂他们；他们想自己扣纽扣，巨人们却总是急不可耐地帮他们扣上；他们在房间里穿着美美的小衣服准备出游，巨人们却不由分说地冲进来给他们换上一件别的衣服。

这就是大多数低龄幼儿眼中的真实世界。他们的行动处处受到限制，他们的意愿常常不被满足，他们的感受往往不被接纳。在爸爸妈妈的眼中，孩子们俨然是享受着至高待遇的小皇帝和小公主，但是从孩子眼中看来，他们就像是巨人世界里的小小囚徒。

家长可能很难理解孩子的这种视角，他们认为自己所做的都是为孩子们好。很多家长并不认为小孩子具有完整的精神世界和独立精神，他们辩解道："小孩子懂什么，我们所做的都是在帮他们；再说小孩子那么小，哪有那么多主张和意见啊？"但是，幼儿真的不具有自由意志和主体意识吗？

在儿童心理学中，有个既有趣又有名的理念叫"可怕的两岁"（Terrible Two），这是指孩子从一岁半到三岁左右会有一个明显的"反抗期"，他们会异常调皮，撕东西、扔玩具、任性哭闹、乱喊乱叫、不服父母的管教。这个才刚学会蹒跚走路，说话还奶声奶气的小家伙，已经如同五指山下放出的孙悟空一样开始撒泼打闹，让许多年轻且没有经验的爸爸妈妈急得团团转。他们惊讶地发现，那个甜美的、吃吃睡睡的小宝贝不见了，变成了精力旺盛的好奇宝宝，话都说不清楚却已经会对爸爸妈妈说"不"，路还走不好已经会乱跑乱跳。家长们诧异于孩子的这种"强烈的自我"，急于探究造成这种变化的原因。

其实，家长们大可不必太过担心，这正是孩子精神的发展，他的主体意识萌芽了，他强烈地想表达出自己的自由意志。幼儿心理学认为，孩子在一岁前处于婴儿时期是无法区分自我和外界环境的，有的孩子甚至会产生一种朦胧的错觉，觉得自己和妈妈是同体的，而过了一岁之后他们则发展出了自我的概念。推动这一发展的是孩子行动能力的提高和行为上的解放。孩子可以走路了，表示他可以主观行为上离开妈妈了；他可以说话了，表示他可以表达自己的情感和喜好了。明确了自我的存在，又有了行为能力上的支持，孩子们急于用行动展现他们的“自我”。细心的妈妈可以发现孩子在这个阶段很喜欢用这样的句式“宝宝（孩子自己的名字）要这个……宝宝喜欢那个……”他们会不断宣扬自己的主张、表达自己的观点、强调自己的主体意识。第二个特点则是他们开始违抗这个巨人的世界。他们向爸爸妈妈说不，你要他不要碰，他非要碰；你让他不要跑开，他非要跑开。Terrible Two的孩子总是要跟巨人们对抗，以此来证明自己可以有不同于你们的选择，他们并不是和妈妈同体的附属品。理解了这个道理，家长便可以心平气和地面对孩子的这个心理发展过程了。

“可怕的两岁”充分证明了小孩子从非常小的时候已经形成了强烈的“自我意识”，并不是很多家长认为的孩子太小没自己的主张。宝宝们的自由意志和主体意识从婴儿期就开始萌芽，在整个成长过程中都是不容忽视的。蒙特梭利认为这种“自我意识”正是源于我们热爱自由的天性，也正是这种对自由的热情使得我们的生活充满生机，这些内在精神的发展会在生活的漫漫长河中对孩子产生巨大的影响，独立和自尊都由此而来。身为父母，我们固然要爱护孩子身体上的健康，关怀他们的日常起居，但更要学会用正确的方式尊重他们的主体意识，认同他们的感受，给予他们生命上的自由。

回到文章一开始提到的地铁中的父子，孩子表达了自己累的感受，爸爸却一直否定他的感受。爸爸没有意识到我们和孩子是不同的个体，有不同的感知系统，有各自真实的感受，不应该用自己的感受去替代甚至抹杀孩子的感受。这样的不接纳让孩子内心充满了沮丧。反省自身，我们是否也常常是这样的爸爸妈妈，孩子说热的时候，我们说不热；孩子说不喜欢的时候，我们也要强加于他。我们是否也曾经这样一次又一次在无意识中否定了孩子的感受，否定了他们的自我。如果我们总是让孩子觉得他不是独立的个体，总是忽视他的主体意识，那又会如何呢？这样的话，会有两种可能：一是孩子会在我们的否定中怀疑自己的感受、喜好、情感。他们无法建立对自我的肯定，那如何建立自信和自强呢？创造力和想象力更是抹杀殆尽；二是孩子有可能走向情绪的叛逆。如同“可怕的两岁”的表现，孩子会不断通过捣乱和对家长的反抗来宣扬自己的“主权”。相信无论哪一种都不是爸爸妈妈心目中孩子理想的成长。

我们提倡的尊重孩子的主体意识是：

1. 给予孩子选择的权利，小事可以让孩子自己做决定；

2. 给孩子创造一个符合他们年龄、属于他们自己的空间，并且尊重他们的空间；

3. 接纳孩子的感受，分享他们的心事；

4. 尊重孩子的努力，给予他们机会去自己面对挑战；

5. 从幼儿起就建立和孩子良好平等的沟通；

6. 相信孩子，相信他有和你平等沟通的能力，有接受教育的能力，有完善自己的能力。

这里必须指出的一点是，尊重孩子的主体意识和接纳他们的感受，并不意味着接纳他们所有的行为。尊重不是溺爱，给予自由更不是放任，把握好尊重和自由的尺度，这些都是爸爸妈妈们需要不断积累起来的爱的智慧。

培养孩子的独立精神

我们已经知道了要尊重孩子的主体意识，明白了每个孩子都有属于他自己的人生。但是回想我们初为家长，看着稚嫩的婴儿呱呱坠地，来到我们这个世界。他娇小柔弱，茫然无知，尽管小不点慢慢长大，但他依然年幼弱小，对世界没有足够的认识，身为家长的我们总是怀疑他的能力，总觉得孩子还小，仿佛永远是妈妈的心头宝，印象里永远保留的是那个啼哭的宝宝，需要我们全部的照顾和爱护。

然而，孩子真的如我们所想的那样吗？先来看看阿迪斯一家的故事，这是教育节目中的一个问题家庭。

阿迪斯一家有四个孩子，一对6岁的双胞胎男孩，一个4岁的小女儿，还有一个2岁的小宝宝。教育专家来到了阿迪斯的家中，观察他们的生活。当镜头第一次展现整个家庭的日常生活时，你可以看到年轻的妈妈疲于管教四个精力旺盛的孩子，她一直处于一种很疲倦的状态。双胞胎哥哥上厕所时，他大声叫喊奶奶。奶奶跑了进去，从他们传出的对话中，我们才知道原来哥哥叫奶奶是因为他不会擦屁股，要叫奶奶进去帮他擦小屁屁。奶奶毫无怨言，帮小男孩擦好小屁屁，洗好手才出来。镜头一转，孩子们围坐在餐桌上吃早餐，教育专家发现了一个细节，孩子们都统一使用奶嘴杯。双胞胎兄弟和妹妹都已经6岁和4岁了，不是宝宝了，但是爸爸妈妈还是把他们当作小宝宝，给孩子用奶嘴杯。

第二天，当四岁的小女儿上厕所时，她依然是习惯性地在厕所里大声呼喊妈妈，要妈妈进去帮她擦小屁屁。教育专家给母亲建议，一定不能帮助孩子擦，不能代替孩子去做她可以学习的事情。妈妈应该进去教女儿怎么自己上厕所、用厕纸，让孩子试试看自己做这件事。虽然妈妈仍然心存担忧，但是在教育专家的强烈建议下，她还是照做了。镜头中我们可以听到妈妈在厕所里耐心地教4岁的小女儿怎么用厕纸，要从前往后擦小屁屁。然后，妈妈走了出来，她说："我简直不能相信，她可以自己上厕所了。她还骄傲地和我说'妈妈，嘿，我今天能自己擦小屁屁了'。"接着是水杯，孩子们第二天统一换上了正常的玻璃水杯。所有的孩子兴致勃勃地坐在餐桌前用玻璃水杯喝牛奶，他们虽然还是有点笨手笨脚，有时会把牛奶撒出来一点，但是孩子们神情快乐，双胞胎中的弟弟自豪地对着爸爸妈妈说："我可以用杯子，这完全没有问题。"

孩子们的爸爸妈妈反省自己一直以来的问题，他们错误地估计了孩子的能力，把孩子们当成宝宝在照顾，不仅使孩子骄纵任性，也使孩子们无时无刻不依赖爸爸妈妈，让整个家庭都疲惫不堪。当然，阿迪斯一家还有其他问题，但是他们学到的第一课就是培养孩子的独立精神和自主能力。

在我们的学校里，我也常常看到类似的情况，爷爷奶奶、爸爸妈妈对待孩子如同婴儿一般，帮他们穿衣服、系纽扣、绑鞋带，帮他们背小书包，帮他们拿小本子，甚至喂孩子们喝水、吃东西。家长们觉得孩子什么都不会，所以他们包揽了宝贝们所有的事情。

在每次幼儿班新开班的第一天，我都会告诉家长，下课后请不要进教室接孩子，安心在门口等着。你们不用担心，我会把孩子们领出来的。接近下课前的10分钟，我停止了课堂内容，开始教小朋友如何把小本子、小蜡笔放进小书包。4、5岁的孩子做得棒极了，他们完全没有任何困难就把自己所有的东西塞进了小书包。然后，我教孩子们穿上小外套，背上小书包。在这个过程中，我和助教会给有困难的孩子一些有限的帮助。但是，大部分孩子都自己做到了。最后，我们会让孩子排好队，发给他们奖励的小贴纸，让大家跟着我唱着儿歌一起出去。家长们都焦急地在校门口等待，然后他们看到了我们的队伍。孩子们一个个精神抖擞地迎上了自己的爸爸妈妈，他们骄傲的表情仿佛在说："看，我做到了，我自己会整理书包，会背小书包了。"有的孩子甚至走出了校门，还强烈要求自己背着小书包，不用爸爸妈妈接手过去。

其实，孩子们比我们想象中更棒、更坚强，只要我们给他们机会表现。

首先，家长要学会放手，不要帮助孩子做他们力所能及的事情。我们一点一点来学会放手，从让宝宝们自己吃饭、喝水、扣纽扣，然后到他们自己整理小书包、做功课、解决困难，慢慢培养他们的能力。你要相信，孩子在这种不断尝试和摸索中，能力会越来越强。在他们摸索的过程中，家长并非不作为，我们要观察他们，鼓励他们，并且尊重孩子们的努力。比如，一个4岁的小孩很努力自己扣纽扣时，我们应该做的不是一把将孩子拉过来说："我帮你。"应该耐心地告诉他要怎么扣；当孩子成功扣上的时候，也不要忽视他的努力，告诉他："这不容易，但是你做到了，做得很棒！"当孩子的努力得到尊重时，他会更有自信，会更积极地去面对挑战。

所以不要越俎代庖帮孩子做所有的事情，给他们一定的空间去成长，去培养自己的能力，去超越自己。如果爸爸妈妈做的太多，就会剥夺了孩子们成长的机会。

培养孩子的独立精神，也有利于他们的身心发展和亲子关系。试想我自己，在我小的时候，每次当我妈妈不断提醒我不要忘记某件事，该穿什么衣服，不该做什么的时候，我都感到心情烦躁、不愉快，有时候还会顶撞她。因为她让我觉得"我是个什么都不会的傻瓜"。其实，妈妈并不是这个意思，她只是想给予我她的爱和关怀。但是，家长们不知道，喋喋不休的告诫，所有事情的代劳，这传递给孩子的信息是他们什么都不会。当他们觉得自己什么都不会，什么都依赖爸爸妈妈的时候，孩子的内心其实更多的是挫折和沮丧，甚至生气。

作为爱孩子的父母，有时候我们心理上不愿意去接受孩子不再需要我们的事实，所以一直不愿意放手。记得每当我看到新妈妈谈到给孩子断奶的文章，都会感到内心是伤感的。其实，不仅仅是1岁的宝宝觉得自己和妈妈是一体的，我想在妈妈的心里，很长一段时间，觉得自己的生命和孩子也是一体的。我想每个父母都会怀念孩子那么一点点，万事都依赖我们、粘着我们的亲密时刻，但我相信爱也会使我们为孩子踏出的每一步而感到高兴和骄傲。

我记得教育学家阿黛尔曾经说过这样的话："每个家长都在经历一次'痛并快乐'的旅行。一开始我们献身于一个弱小而无助的生命，几年后又经历为他们担心、给他们安慰和理解、为他们做人生计划的过程。把我们的爱、我们的体力、我们的智慧和经验都给了他们，为的是有一天他们有内在的力量和信心离开我们。”

自由是爱，界限也是爱

在之前的章节中我们谈了自由，谈了对孩子的尊重和对他们独立精神的培养。但是，好的教育光有自由是不够的，我们必须还要给这份自由划出界限，要给孩子制订规则。

有的家长可能要问，咦？我们不是刚刚说过要尊重孩子的独立人格吗？怎么又给孩子做规矩了呢？其实，自由和界限，这本身并不是矛盾的，就像我们生活在这个社会中，身为自由人，但是我们在道德上需要遵从善良、孝顺、诚实的准则；在法律上需要遵守基本的宪法、民法，我们的自由并非是无边无际的，而是有一定限制的。如果我们无法无天，恣意妄为，想出去骂人就骂人，打砸东西伤害别人，这就不是自由人，而是野蛮人了。

孩子也是如此，我们给予的自由是我们接纳他们的感受，尊重他们的想法，给予他们表达意见的权利，让他们能够有独立的精神和自由的思考；但并不是鼓励孩子为所欲为、自私任性、唯我独尊。家长要清楚认识到这两者间是有明显的区别的。

最近在网上一石激起千层浪的“刻字事件”：中国游客沈先生在

网上发布了这样一件事，他于今年五月去埃及游玩，没想到在参观卢克索神庙时竟惊讶地发现在一块巨大的石壁浮雕上赫然刻有“丁锦昊到此一游”几个字。硕大的几个中文，就这样出现在有三千多年历史的古埃及遗迹上，而且占满了整座浮雕，令人感到无地自容。经其他网友追查，最后查明确实是南京一名中学生丁锦昊所为。一时间，网上纷纷讨伐起孩子来。最终，孩子的家长不得不出面道歉，表示是自己平时没教育好孩子，孩子已经知道错了。

这是一个典型的反面教育事例。家长没有约束好孩子的行为，没有以身作则，没有教会孩子尊重历史和文化，导致了孩子严重的行为失当，造成了无可弥补的错误。虽然孩子和家长表达了歉意，但是几千年的文物如何复原。

在我的学校里，我也经常能看到对孩子没有控制力的家长。孩子在老师面前完全可以表现良好，但是在家长面前却是一付小霸王的样子。我看到过往奶奶身上泼水的孩子，看到过肆意对父母怒骂打闹的孩子。有的爸爸妈妈为了让孩子做一件事，不得不悄悄地拜托我，希望我以老师的名义告诉孩子要这么做。他们解释说：“孩子只听老师的话，不听爸爸妈妈的话。”“孩子不听爸爸妈妈的话”这样的话听起来充满了委屈，也让我看到了家长们在教育孩子上的失败和失责。

所以，如果光有自由没有界限，不立规矩不计后果，孩子怎么能学会约束自己的行为，成为一个有道德、有自制力的人呢。

如果孩子的行为没有底线，孩子如何才会对世界、对生死、对时光、对对错有敬畏之心。家长怎么去教育孩子，怎么去传递正确的价值观、人生观呢？我们身为人父人母，并不是给孩子创造一个衣食无忧的环境就足够了，我们还要为他们能有健全的人格、健康的心理、良好的言行负责。

我相信，自由是爱，界限也是爱。

曾经看过苏菲·玛索主演的电影《Firelight》，翻译过来的中文名字是《心火》，这是一个关于母亲的故事。苏菲·玛索饰演的年轻瑞典女子伊丽莎白为了替父亲还债，和素未谋面的贵族查理做了一个交易，为其产下一女，并且答应从此不见女儿。

分开后的每一天，母亲都无法忘记女儿。她制作了一本画册，每一年孩子生日的那天，母亲都会用水彩笔在画薄上描绘出绮丽的花朵，碧绿的嫩叶、嫩黄的花朵，还有蓝靛色的茎秆。她写到：“给我在英国的女儿，祝你生日快乐。”

七年后，她用尽一切方法，终于找到了女儿，并且以家庭教师的身份踏入了女儿的生活。这时，女儿露易莎因为贵族父亲过分的溺爱已经被宠坏了，成为了一个性格孤僻、傲慢任性的姑娘。面对这个从小缺乏母爱，喜欢乱叫、乱喊、乱砸东西的孩子，伊丽莎白心情非常复杂，她既满怀歉意和深深的母爱，又必须保持理智，用心教导这个被宠坏的孩子。露易莎不听教导，不爱学习，在伊丽莎白之前，她已经气走了3个家庭教师，这注定了整个教学过程会无比艰难。

伊丽莎白一方面充满耐心，用爱来感化孩子；另一方面对孩子严格要求，她要让露易莎约束自己的言行，并且好好学习。其中，让我印象最深刻的有两句话，一句是当女儿视她为奴仆、抗拒学习、无理取闹时，伊丽莎白忍不住喊道：“是的，你是有钱，但你和我是平等的，你结婚后会成为男人的财产，因为你是女人。但他们无法禁锢你的思想，所以我要你学习知识，你明不明白？”伊丽莎白作为一个母亲，这是她站在女性的角度对于女儿的教育，她希望女儿能够学习，成为有知识的女性，这样即使在当时这个男权的社会，女儿也能拥有自由的思想。

而另一句打动我的话则是母亲对贵族父亲说的。当时，查理完全不理解为什么伊丽莎白要那么认真严格地管教女儿，在他看来他能给予女儿衣食无忧、仆人成群的富裕生活，这样就足够了。因为做错事露易莎被禁足在卧室中，听到女儿从房间里传来的尖叫声，查理气疯了，他抓住这个家庭女教师，亦是孩子的生母，责问她为什么要这么对待女儿，为什么要管教她，要约束她。伊丽莎白说道：“你只是要她爱你，我却希望她被人爱。”（You want her to love you， but I want her to be loved.）听到这样的话，父亲默然了，尽管于心不忍，他也接受了伊丽莎白对女儿的管教，因为他明白这就是爱。

“你只要她爱你，我却希望她被人爱。”就是这样一句话，曾经很长一段时间萦绕在我的心里。作为母亲、作为教育者，我不断思考，怎样才是对孩子最好的爱。我们要爱孩子，要孩子爱我们，更重要的是，我们也希望孩子成为一个有健全人格、善良心地、坚强品质的人，这样他们才有资格被别人所爱、所欣赏，你要她爱你，我却要她被人爱。我想这才是更深层次的爱，所以我们才需要在给予孩子尊重、自由的同时，给予他规矩和规则，从而让他们成为更好的人。

规则的制订——3C原则

英国有一档非常有名的儿童教育节目《Super Nanny》，栏目的主角是被称为“超级保姆”的乔·弗洛斯特（Jo Frost）。乔是一名家庭育儿专家，受过严格的育儿训练，有15年之久的照顾孩子的丰富经验。乔可以说是阅儿无数，这档节目正是以乔为主体，用真人秀的形式，让她深入到每个深陷养育困境的家庭中去解救那些生活在水深火热中的父母。

在节目中，你可以看到再可怕的孩子，乔也能使他们变得可爱懂事，逐渐学会尊重父母、循规蹈矩。其中，她给父母提出的很重要的一点是：“要给孩子制订好规则，并且在执行过程中贯彻‘Consistance（一贯，坚持），Communication（沟通），以及Consequence（后果）’这三个要素。”我们简称为3C原则。

施拉格一家的故事就提到了规矩的制订。这是一对有三个女儿的年轻父母，三个女儿分别是8岁、6岁和4岁。典型的孩子脾气，骄纵任性，恣意妄为。女孩们毫不尊重长辈，她们不管奶奶在做什么，随时冲进她的房间，乱翻东西；如果奶奶锁了门，她们就满地打滚、喊叫撒泼。平日里，孩子们在墙上乱涂乱画，不听管教，晚上也不睡觉。其中，最小的女儿四岁了还天天含着奶嘴，嘴巴都变形了。爸爸妈妈为了让孩子好好睡觉，每天妈妈陪两个孩子睡，爸爸看着一个睡，夫妻俩长达8年没有同床共枕。父母每天面对这样的孩子精力透支、精神萎靡，两个人都感觉生活得很痛苦，所以向《超级保姆》求救。

在观察了施拉格一家的一天后，超级保姆乔和爸爸妈妈开了个家庭会议。首先，她明确提出了孩子之所以会这样是家长的错误造成的，爸爸妈妈没有给孩子的行为设定界限，他们要做的第一步就是明确地给孩子制定规则，并且和孩子说清楚所有的规则。

就这样，奶奶、爸爸和妈妈一起商量沟通，在小白板上写出希望孩子遵守的规则，制订出属于他们自己的家庭守则。第二天，等一家人全都在时，一条一条告知孩子们家里的守则，明确让孩子们知道其中的要求，并且把小白板贴在墙上显眼的地方。其中，针对几个严重的情况，超级保姆更是做出了特殊的安排。比如，家庭规则中：奶奶希望孩子们能尊重她，尊重她的空间，不要随时冲进她的房间。为此，乔为奶奶准备了两块小小的彩色门挂牌，她可以随时选择其中的一块挂在门把手上。绿色的挂牌写着"现在"，表示奶奶欢迎孩子们的到来；而红色那块则写着"稍后"，表示奶奶在忙、在休息，孩子们现在请不要打扰她。他们把挂牌介绍给孩子们，这样有趣而温馨的小设置立刻得到了孩子的理解和赞同。

从"家庭守则"上，很多家长可能会有疑惑，给孩子那么多条条框框行不行？其实，让我来告诉家长们一个小秘密，孩子们并不抗拒规则。孩子们在做游戏时，常常会给彼此限定出很多属于他们的规则来增加游戏的趣味性。很多家长觉得孩子听老师的话，而不听他们的话；其实是因为孩子们在学校里，我们很早就让他们明确学校的"游戏规则"是什么？行为的界限在哪里？

在学校里，如果我和孩子们制定了一个规则，然后他们违反了，老师批评也好，扣掉奖励给他们的小星星也好，孩子们往往比较服气，心里能够接受大人的行为；但是如果我们没有制定规矩，我突然发难，批评某个孩子，或者擦掉他们的五角星，孩子则会满脸委屈、大声抗议甚至哭闹。孩子们不怕规则，他们更怕没有规则却受到大人莫名的否定和批评，因为这样他们不知道自己做错了什么，也不知道自己应该怎么做。

随着家庭守则的制订，第二件重要的事情是执行。乔教施拉格夫妇如何去有效地执行这些规则，如果当孩子们违反了规定又如何。首先，父母要学会在孩子破坏规则时警告他们，明确指出孩子们在某些地方行为不佳，希望孩子改正。这时候的父母要声音低沉、语气果断坚定，表情要严肃。然后，如果孩子不接受管教，则要接受惩罚。这个惩罚当然不是打骂之类的体罚，在施拉格家庭中给孩子设定的惩罚是“罚坐”，给孩子们画地为牢，让他们在家里某个地方罚坐，低头思过，直到他们表示歉意，父母才可以接受孩子的改正，给他们拥抱和亲吻。

在这个过程中，家长要有耐心，要沉住气，但态度和行为要坚定。期间可能发生的事情是孩子用哭闹来拒绝管教；或者直接从罚坐的地方跑掉。爸爸妈妈要坚持始终、毫不妥协。有时候，爸爸妈妈看到孩子哭闹，觉得太闹腾了，想想规矩就算了。这样一时的迁就，换来了短暂的太平，但是治标不治本，既破坏了以后规矩的执行，也破坏了家长言出必行的威信。以后再想让孩子听话，就难上加难了。这就是3C原则中的第一条“Consistance”（一贯，坚持）。

这种对孩子做某种规则的贯彻始终，不仅仅在于爸爸妈妈的坚持，更在于一条规矩从出台之际就要得到全家人的沟通和支持，不仅爸爸妈妈要支持、要执行，爷爷奶奶也要同意和执行。全家同一阵线，否则朝令夕改，前后态度不一，东家可以，西家不可以，那不仅孩子的思维和行为会被大人搞乱，更会导致家里以后任何决定和规矩都形同虚设，家长的威信和威严也将荡然无存。

就像我们学校也出现过有一个孩子多次在学校的墙上乱涂乱画，我们请家长来谈这个问题。家长告诉我们，其实孩子在家也这样，一开始家长也试图约束孩子的行为，告诉孩子不可以这样，但是孩子在外公外婆家是可以在墙上乱涂鸦的，外公外婆不说孩子、不限制他的行为。所以爸爸妈妈的管教和规矩都白做了。不仅如此，因为这次规矩的失败，孩子不仅在涂鸦这个问题上不听妈妈的，平时在很多言行方面都再也不听妈妈的了。

第三就是“Consequence”，规则的执行要有一个结果。父母要树立“言必行，行必果”的态度。孩子要能从父母的教育中改变自己的行为，表达自己的歉意。这样，我们的规矩才有一个好的结果。如果僵持了很久，父母半途而废了，那之前的努力就前功尽弃了。如果规矩没有贯彻始终，没有得到一个满意的结果，那么以后同样的事就会成为家长和孩子长期的拉锯战，把大家都搞得筋疲力尽。想想有时候我们看到的一个家庭中家长和孩子有多少次重复的争吵，吵来吵去都是强调一百年前的陈芝麻、烂谷子的事。遇到问题时，父母如果一开始就不退让，不轻易妥协，问题可能在当时就解决了。

美国哈佛大学教育学博士王涛在他的《规矩和爱》中提及这样

一个有趣的故事。有一个四岁的小男孩，他每天早上起床总是拖拖拉拉、慢慢吞吞地穿衣服拿东西，搞到最后等妈妈送他到幼儿园时往往已经迟到了。妈妈想要改变孩子的这个坏习惯。她给儿子两个选择，第一是孩子可以选择抓紧时间起床穿戴整齐去幼儿园；第二个选择就是到了时间就走，孩子穿着睡衣去幼儿园。

这位妈妈给出了规则，为了可以把这件事执行下去，她要为可能发生的事做好准备。比如孩子到时候也许会哭闹吼叫，妈妈需要和隔壁的邻居老奶奶沟通，告诉她如果明天早上听到孩子的哭声或者尖叫声，或者看到她强行把睡衣宝宝带上车，请不必惊慌，不要打电话报警。

然后，这位妈妈还怕会引起误会，给当地的警察打了电话，告诉警察第二天早上可能会发生的事并解释了缘由。最后，这位美国妈妈和幼儿园的老师打了电话，告诉老师明天孩子可能会迟到，并请老师告诉别的小朋友，如果她儿子穿着睡衣出现在幼儿园，请其他小朋友不要取笑他，而要鼓励他把衣服穿好。

就这样到了第二天，不管妈妈怎么警告，孩子依然是我行我素。到了应该出门的时间了，妈妈说："宝贝，对不起了，我们必须走了。"就这样，她一把抱起穿着睡衣的孩子上了车。等车子到了幼儿园停车场，儿子哀求妈妈让他把衣服换好再去教室，妈妈接受了这个建议，等孩子换好衣服才把他送到教室里。这是一次成功的家庭教育，孩子明白妈妈的规矩是认真的，从此对妈妈的规矩不敢怠慢。

第四章

和孩子沟通的艺术

先共情，再讲理

在学校里看到这样一件事，班级里的小朋友米米弄丢了新买的水壶，妈妈来接她放学的时候，她告诉了妈妈。

“妈妈，我水壶不见了。”米米闷闷不乐地和妈妈说。

“你怎么又弄丢了？这已经是第二个水壶了，这个才刚刚买的。”妈妈脸拉下来不高兴了，开口责问米米。

“不是我的错，肯定别的同学拿错了。”米米感到委屈，为自己找借口说。

“你每次都这个样子，自己东西不保管好。给你说过很多次了，东西要放在书包了，一会儿铅笔盒不见了，一会儿水壶不见了，你怎么没把自己弄丢啊？”

米米顿时心里的委屈涌了上来，眼泪吧嗒吧嗒掉下来，嘴里还嚷嚷着“你最讨厌了，我不理你了。”她抓起书包就往教室外冲，妈妈追了出去，教室外面传来的阵阵哭闹声持续了很久才平息下去。

本来是件丢了水壶的小事，转眼间升级成母女之间情绪的斗争了，本来家长是有道理的，但是在和孩子的交流中却惨遭滑铁卢，对话都变成了争吵，这究竟是为什么呢?

不仅家长会碰到这样的事，作为老师我也经常碰到这样的情况。班级里小孩子杰杰在游戏中少拿了一个小贴纸奖励，他在那里气呼呼地跺脚发脾气，叫着“我要五角星小贴纸，我要小贴纸。”我上去制止他的喊叫，试图和小男孩讲道理说：“小贴纸是要靠努力得到的，你没有答对题目，所以老师不能给你。”杰杰依然不答应，拉着我吵着说：“我就要小贴纸。”“不行。”我分毫不让，希望能让他死心，停止胡闹。谁知道这下子孩子闹得更凶了，索性趴在地上哭闹耍无赖起来，搞得外面其他的老师和家长都朝窗子里看，想知道班级里究竟发生了什么事。这也让我对于无法控制住事情感到非常羞愧，内心充满了挫败感。

类似这样的事情，或许每个老师、每个家长都碰到过，大家都会觉得不理解，本来是站在道理上的，但是为何在和孩子的互动中不仅没有起到教育孩子的作用，反而使孩子情绪更加激动，行为更加逆反呢？如果我们只是一味地责怪孩子的任性和无理取闹，对于教育孩子这个最终的目的来说其实是毫无益处的。我们必须思考症结出在哪里，如何改善？

有一天，我读到了美国教育学家阿黛尔·法伯的文章，这位美国的著名亲子沟通专家的观点使我茅塞顿开。她提出了一个和孩子沟通最基本的概念：“共情——接纳孩子的感受”。“接纳孩子的感受”我们在前面提到孩子的自由意志的时候也说过，但是这里面还是有细微差别的，前者是侧重于把孩子当成有独立思考能力的个体来尊重他们的感受，这里则更侧重一种交流的艺术，一种技巧。

试想我们成年人，当我们感到难受沮丧或者受到伤害时，我们最不想听到的就是建议、大道理、心理分析等，因为这样让我们感觉更糟糕。当别人站在安慰的角度认为某事根本不值一提、不必伤心、烦恼时，我们更容易被激怒。我们更期待的是别人能认真倾听并认同我们内心的伤痛，给我们机会让我们表达自己的情绪和困扰，当负面情绪没有那么强烈时，我们则更能处理好自己的情绪和面临的问题。其实，这种情况同样适用于孩子，如果我们能倾听他们，能和他们产生共情，那么就有助于孩子自己理清情绪和思考问题。

阿黛尔提出的我们需要掌握的技巧是不管孩子是对还是错，首先我们必须要倾听。如果我们能真正倾听他们的叙述，孩子则能更容易表达他们所面临的内心困扰。有时候，他们需要的就是我们与他们产生共情。第二个技巧是我们要说出孩子的感受。有时候，我们越是让孩子不要伤心，他们越伤心；我们越要他们不发脾气，他们越折腾；我们越希望他们摆脱不好的情绪，不管我们态度多好，孩子都不会听。因为哪怕我们态度温和，他们内心仍然觉得自己的感受没被接纳，被压抑了。只有当我们说出了他们的感受，孩子才会觉得被理解了，他们才会感到内心的安慰，才能逐渐平复心绪。第三点是用简单的回应，夸张的同情往往让我们的共情显得虚假；而且过度的反应会增加孩子内心的负担。第四个技巧则是用虚拟的方式来表达希望实现孩子的愿望。有时候孩子希望一件事得到家长或者老师的肯定，否则他们就会感到受伤和失望，这种负面情绪如果没有被认可和接纳，他们会用发脾气、哭闹的方式发泄出来。如果我们能用虚拟的语气表达出也希望他们的愿望得到满足，他们觉得自己的渴望得到了理解，他们往往会更容易接受现实。

让我们用共情的技巧来重新想想上面两件事可能的发展。

“妈妈，我水壶不见了。”米米向妈妈诉苦。

“哦，那你肯定很伤心。”妈妈表达共情，接纳米米伤心的情绪。

“是啊，我难过死了，这个水壶我超级喜欢呢。而且还是新的！”

“是啊，好可惜啊。”妈妈简单回应，不要给予过度的安慰和愤怒的责怪。

“下次我一定把水壶看牢，喝完水就放到包包里。”

“嗯，妈妈相信你一定可以管理好自己的东西的。我们回家吧！”

要知道孩子在表达一件事的时候，如果第一时间，我们给予了他们负面的评价，当他们在被责怪、埋怨、建议的时候，他们很难有清晰的思路和积极的心态去思考和反省。但当我们用简单的话语回应孩子，用明确的语言表述出他们的心情时，他们会觉得自己是被理解的。当他们在平静的情绪中叙述事情，孩子们就会自己整理自己的思路和感受，从而有可能自发地找出解决的方法。哪怕孩子没有自己反省出解决的方法，当孩子低落或者愤怒的情绪被接纳后，等他们情绪平和时，家长也可以适当引导。

再来重新思考杰杰的故事。

“我要五角星小贴纸，我要小贴纸。”杰杰气呼呼地跺脚发脾气。

“老师知道你没有拿到小贴纸，很失望很生气，对不对？”不要试图讲道理，解释为什么他不可以有，简单表达你理解他失望愤怒的原因和情绪即可。

“嗯，我想要小贴纸嘛，我想要做第一名。”

“嗯，老师知道你也很努力，老师也很希望你能拿到第一名。”

杰杰依然满脸委屈，泪水直流，但是没有前面那么愤怒了。

“我们马上要做一个新游戏了，你要不要做老师的小助手，可以拿到小助手奖励哦。”

“要，我参加后老师要给我贴纸，我就可以做第一名了。”接纳感受不是妥协于孩子的苦恼，不是马上满足他们的要求，而是表达理解，给孩子机会平复情绪。

在传统的教育中，我们始终觉得不管起因怎么样，发脾气是不对的。所以对于发脾气的孩子，我们往往采取先批评教育再安抚的顺序。常常这样的方法不仅不凑效，还激发出孩子的叛逆情绪。作为爸爸妈妈或者老师，我们一起来学习一下，改一下顺序。在孩子情绪失控的时候，我们先不要批评，先倾听，接纳他们的情绪，表达理解他们为什么哭泣或者发脾气，与孩子共情，让他们的愤怒委屈能及时宣泄出来。等孩子平静下来，我们再来和他探讨，教育引导他们的正确认知。这就是沟通的技巧，不管是对孩子还是成人，都是非常有效的。

当然，接纳感受不代表家长全盘同意孩子的观点。就像孩子有可能和别的孩子有口角、有争执，他可能气呼呼回来说“我最讨厌某某了，大家一起做游戏，他竟然不带我玩。”爸爸妈妈可以给出的回应是：“看来你没和别的小朋友一起玩，有点失望生气。”表达理解他为什么情绪激动。但是，言语不能鼓励孩子加强这种愤怒，不能随着他说：“是啊，某某孩子最坏了，以后你也不要跟他玩。”尤其是，如果孩子要付诸行动，说要去打别的孩子的时候，家长一定要适时阻止。家长要学会接纳孩子的情绪，但要有智慧地限制他们的行为。

赞赏的魔力

每隔一个阶段我会给孩子写评估，然后会在一对一的家长会上告知家长孩子的近况。这次在家长会上碰到了小伟的妈妈，她不满意我们的评估，向我提了个意见。她说：“老师啊，我觉得你们的评估没有什么用，上面都是说孩子的好话。我家小伟我还不了解吗？哪有你说的那么好？我觉得他还是有很大差距的，你还是多和我说说孩子有什么不足吧。”我温和地对小伟妈妈笑了笑，告诉她一个小故事。

在巴西的一所幼稚园中，四五岁的孩子们正围坐在一起跟着老师学算术，老师问：“小朋友们，你们知不知道1加1等于几啊？”有个孩子大声喊出“四”。老师完全没有指责孩子说错了，而是竖起了大拇指对孩子说，“很好，你的答案已经离正确答案很近了。”然后又有一个小朋友报出他认为的答案“三”。老师说：“太棒了，你比刚才的答案更接近正确答案了，还有谁愿意来回答？”终于有孩子说出了“二”。老师接着说：“回答正确，你们真棒，1加1等于二，我们可以一起来算算看，一个小手指加另外一个小手指……”

这个故事是去巴西考察的父亲在一个讲座中听到的，当时他惊叹于西式教育中对孩子的正面激励，回来把这个故事转述给了我。试想同样的情况，如果这群孩子面对的是我们中国传统的老师，虽然中国老师不至于说：“笨蛋，你连1加1都不会？”至少也会明确地说，

“孩子，你回答错了哦。”这就是东西方教育的一个显著差别。

在长期和外教的接触中，我发现他们对孩子最喜欢、最习惯讲的一句话就是“Well done！”和“Good job！”（两句话都是指“做得不错，很棒”的意思）。西式教育认为正面教育更能树立孩子的自信，他们在和孩子的交流中更倾向于赞赏；而在我们传统的教育中，爸爸妈妈或者老师往往可能更喜欢的是用“找不足”“找差距”的方式帮助孩子进步。这种传统方法并非是完全错误的，但是在对孩子心灵的塑造上，我认为“赞赏”比“批评”更能使孩子内心积极自信。

我们来对比看看这样两个孩子，一个是中国的小伟，一个是美国的汤姆，他们的父母都非常爱他们，但是表现形式有差异。

早晨7点，小伟的爸爸大步流星地走进孩子的卧室，拍拍小伟说：“快点起床了，小伟，再不起来我们要迟到了。”小伟迷迷糊糊地起来，慢腾腾地换衣服。妈妈一边急急忙忙地帮他整理书包，一边嗔怪地说：“你看你书包乱成这样子，你连书包也弄不好，还指望你读好什么书。”

在公交车站，小伟吃着蛋饼和袋装牛奶，一不小心把牛奶撒在了衬衣上。妈妈有点生气，一边用餐巾纸帮他擦，一边埋怨说：“早上已经很赶了，小祖宗，你能不能不要添乱了？”到了学校，小伟往小学校门里走，妈妈在身后叮咛：“你今天读书卖力点，语言小测验好好考，不要再像上次那样考那么难看的分数了，晓得吗？跟你说话呢。”小伟“嗯”了一声，垂头丧气地走了进去。

地球的另一边，早上同样的时候，汤姆爸爸在门口喊：“汤姆，7点了，你要现在起床，还是再过5分钟？”汤姆懒洋洋地说：“再过

5分钟吧，爸爸。”5分钟后，汤姆起床，穿戴好衣服，自己整理好书包，走到楼下的餐厅。爸爸正在吃早饭，看了一眼孩子的装束，说：“早安，汤姆，今天看上去精神不错啊！”“早安，爸爸。”汤姆笑着坐下来吃面包和牛奶。他不小心把牛奶晃了出来，溅在了身上。妈妈没有责怪他，只是问：“汤姆，你想要换一件外套，还是就这样呢？”汤姆说：“没关系，擦一下就没事了。”妈妈帮他拿了块毛巾，快速地擦掉污渍。

吃完早饭，妈妈开车送汤姆去学校。到了校门口，汤姆走下车子，临别前妈妈吻了吻他的脸颊，说：“再见，宝贝，今天也一定会很棒的。”然后，车子扬长而去，汤姆精神抖擞地走进了学校。

这两个生活片段都是我想象中的，但是孩子的表现却是我在真实教学中看到过的。在长期和孩子的相处中，我发现如果孩子常常得到赞赏和表扬，他们往往内心自尊自信，自我感觉良好，并且不惧怕挑战；而如果孩子是在批评声中长大的，他很可能对自己一直持有怀疑态度，幸福感不强烈，并且畏惧挑战。

赞赏的魔力在于帮助孩子树立积极自信的自我评价，从而影响他们的行为。纳什尼尔·布莱德曾经在他的《自尊心理学》中说过：“一个人对自己的评价，将直接影响他的核心价值以及是否能有积极的心态，自我评价还会影响他的思维方式、情绪、希望以及人生目标，同时也影响到他的行为。”

自我的评价对于孩子的一生非常重要，孩子的自尊心非常宝贵，如何帮孩子建立自尊自信呢？很多时候就需要家长在日常生活、在孩子的学习成长中，善于挖掘孩子的长出和优点，关注宝贝们细微点滴的好的行为，给予他们及时正面的评价，从而帮助孩子塑造正面的、真实的自我形象。

赞赏的技巧

赞赏也是有技巧的。如果一个孩子考试得了65分，妈妈看了之后说："孩子，你太棒了，竟然考了这样的高分，你简直是天才，爸爸妈妈为你感到自豪。"这样夸张的表扬不利于孩子心灵的发展，一种结果是会让孩子内心无限膨胀，从而形成对自己不真实的看法；另外一种则是孩子对父母的话语产生不信任感，他们会以为你在讽刺或者吹捧他们，从而影响以后亲子间的信任和沟通。所以不管是哪种赞赏，首先应该是对事情真实的反馈。

那么，如何才能让孩子真实感受到父母对他的赞赏和激励，而非敷衍和吹捧呢？这就需要家长学会对细节的赞赏，而非对整体概括的赞赏。比如，在我的班级中，孩子们常常需要做艺术作品，一张贺卡、一张海报等。如果老师只是泛泛对每个孩子说："做的好。"孩子可能会觉得我是在敷衍他们。但是如果我这样说，效果就不同了。"丹丹，你这朵花画得很漂亮""小伟，你的海盗餐厅海报太有创意了""佳佳，我喜欢你写的美术字"说出孩子做的好是哪一点，哪怕整体孩子做的还不够好，但是他总会有些闪光点在其中，家长需要学会挖掘孩子细节的优秀，然后描述出来。孩子自然会从我们的描述中感受到老师和家长对他真心的赞赏。

小永1岁多的时候，每天早上换了尿布，我都会让他自己去扔尿布，他每次晃晃悠悠提着自己的尿布走到垃圾桶边，观察一下，然后一下子尿布扔进了垃圾桶，然后欢天喜地的回来了。这个时候我不会简单地表扬他说，小永真棒。我会告诉他，小永能帮忙劳动了，会自己的事情自己做了，小永真棒。有的时候小永自己也会为自己鼓掌。在鼓励孩子，表扬的事情，一定要明确告诉是什么原因，而不是简单的你很聪明，你很棒。

其次，好的赞赏应该是赞赏努力，不赞赏结果；赞赏品德，不赞赏智力。如果一个孩子考试得了100分，家长一般会说："我们家孩子太棒了，考试得了满分，爸爸妈妈最喜欢你了。"这样的赞赏看似不错，但其实传递给孩子的信息是"我很棒，那是因为我得了满分；如果没有满分，爸爸妈妈就没那么爱我了。"因为家长表现出来的不是对孩子的肯定，而是对结果的肯定。同样的情况，还有的家长会说："宝贝，你太棒了，我就知道我们家宝贝是最聪明的。"这样，同样给孩子的信息是有偏差的，让他觉得考得好是因为他聪明，而非他努力。这样的赞赏不能起到激励孩子的作用，而且孩子可能会形成"自己很聪明，不需要努力"的错误观念。我们给予孩子的赞赏尽可能表扬他们的努力勤奋、诚实善良等好的行为和品质，那么，孩子就会对自己有正面的认识，并且会在赞美中持续重复这种好的行为。

家长还需要注意的是，少一点和别的孩子的比较，多一点和自己的比较。比如，小伟的妈妈觉得老师对小伟的表扬太多了，孩子没有那么好，其实是因为她把孩子去和其他更优秀的孩子比较了，觉得孩子成绩不出众，才智也很普通，性格也稍有懒散，哪有老师说得那么好。但是作为老师，我并不是这样看问题的。我没有把小伟去和别的孩子横向比较，而是更注重他自身的进步。小伟刚刚开始进我的班级的时候，有些不适应教学环境，常常听不懂老师说的英语；那时候的他对自己很没自信。但是小伟从未放弃，他积极参加课堂上的小游戏，听不懂会问同桌，按时完成我布置的课外作业。经过了半年的学习，他已经能够听懂外教老师的口语，融入到我们的学习中；而且他虽然成绩没有妈妈期待的那么好，已经从最初小测验的40多分，到了现在70多分的情况了。在我看来小伟进步很大，他是个努力的好孩子。我解释给小伟妈妈听，希望她能多给予孩子正面的评价，孩子付出的每个小努力其实都是渴望大人的目光的，如果我们因为他没有达到优秀而忽略他踏出的每一小步，那么他就会停止下来了。他会觉得自己怎么努力，妈妈爸爸都不满意，都不爱自己。更有甚者，有的孩子觉得自己再努力也没用了，自己就是个笨蛋。这是我们最不想看见的情况。

爸爸妈妈关注孩子的细微美好，赞赏他们点滴的好的行为，欣赏他们的作品和努力，及时给予正面的、真实的反馈，那么，孩子会从我们的眼睛中看到他们自己，他们会不断增强内心的力量，培养出自尊、自信、自强的人格。

批评的技巧

在教育中，我们有一个专有名词叫做“鞭子和糖”，就是说在孩子的成长过程中，在塑造孩子的性格和内在品质的过程中，鞭策和奖励同样重要。我们既要给赞美、鼓励和奖励，又要时不时挥舞起小鞭子，给孩子以鞭策、批评和惩罚。太多的糖，孩子会被宠坏；太多的鞭子，孩子的天性、创造力又会被抹杀，家长在教育中要学会掌握平衡，“恩威并施”。

无论给“鞭子”，还是给“糖”，这都需要家长掌握一定的技巧。盲目的表扬和粗暴的批评都对孩子有害无益。“怎么说”和“说什么”其实是同样重要的。在之前的章节中，我们已经强调了赞美的力量及赞赏的正确方式。这里，我们要讨论的是批评的方式。因为不正确的批评，不仅不能够帮助孩子改正错误，还会激化父母和孩子间的关系，让孩子形成强烈的逆反心理。

第一，批评不是辱骂喊叫，家长要学会冷静客观地表达观点。

在我的班级有一个5岁的孩子，名叫肖肖，他是个活泼的小男孩。肖肖有一个奇怪的行为，一旦他情绪比较激动的时候，他往往说话非常大声，几乎是用喊叫来表达自己的观点。在和其他孩子发生争论有矛盾时，他就会扯着嗓子和别人争吵，用声音先压倒别的孩子；甚至在课堂的日常活动中，他一高兴，声音也顿时高了无数分贝。其他孩子往往会觉得他很吵，不喜欢和他做朋友。我时常会温和地提醒肖肖，我们来轻轻得平和地说话。

有一次，肖肖把学校的书本弄丢了，放学时，他爸爸来接他，我就告诉了肖肖爸爸，让他帮孩子再买一本新书。结果，孩子的父亲一听就发怒了。当时就对着孩子吼叫，那嗓门把所有在场的孩子连带我都震惊了，肖肖也是放开嗓子哇啦哇啦哭起来。我连忙一边安抚肖肖爸爸，一边安抚肖肖，顿时明白了孩子这个大嗓门的由来。

很多家长不明白，以为批评孩子就是要疾言厉色，要凶悍、要严厉。他们不知道孩子在这种“大声”的教育方式中，最快学到的恐怕不是规矩，而是爸爸妈妈的“大嗓门”。成人是孩子模仿的对象，爸爸妈妈的一言一行其实都影响着孩子的一言一行。当爸爸声色俱厉地怒骂孩子的时候，孩子其实模仿着大人在情绪激动时的表现方式。喜欢吼孩子的大人，他们的孩子往往也喜欢放大音量。这些孩子在和其他孩子相处时会无意识模仿他的家长，咆哮发怒。

在教育上，我们提倡的批评是就事论事，心平气和。大声的怒骂，不仅起不到教育的目的，还会伤害、惊吓到孩子。这不是爱的教育，是“怕的教育”。家长有道理，不拼嗓门，温和地表达，孩子也能够接受。如果孩子执意不听，家长可以表情严肃，声音低沉，表达家长在某些事情上的强硬态度，但切忌暴跳如雷，态度可以坚决，但是情绪不要失控。要明白，孩子只有在精神上没有遭受到攻击和恐吓时，他才更有可能接受大人们的批判，才会改正错误。

第二，批评要简略，要言简意赅，不要碎碎念。

就像爸爸一批评起来就容易大发雷霆，妈妈的问题则在于“批评的时候过于啰嗦。”回忆中，我们小时候都有这样的经历，一件很小的事情，但是妈妈唠叨个没完。本来我们已经明白自己错在哪里了，心里已经知道错了，但是妈妈一直碎碎念碎碎念，然后我们就烦了，就开始顶撞起来了。一件小事就从事情的本身转变成了孩子和家长的情绪斗争。

我们来看这样一个场景：孩子洗完手后，水龙头忘记关了。妈妈看到后，马上说了起来："你怎么水龙头又忘记关了，你想发大水啊？这已经不是第一次了，你看看你，浪费水啊！浪费水就是浪费钱啊，就是你一直忘记关，所以家里水费多了，你知道吗？妈妈和你说话，你听到没有？你这是什么态度……"孩子气呼呼地回到房间，砰得关上门，无视妈妈在后面的批评。

其实很多时候，对于纠正孩子小的言行上的错误，只要一个简单的提醒就足够了，不要长篇大论，滔滔不绝。家长一啰嗦就可能从眼前的问题扯到之前的问题，再幻想出未来的问题，这样孩子抓不到那个最重要的"点"。而且在家长的碎碎念中，孩子不断接受到对他们的负面评价，心里很容易产生抵触情绪，这样其实不利于孩子接受批评和改正错误。

同样是上面的事情，其实完全可以这样。孩子洗完手后，水龙头忘记关了。妈妈看到后，指了指说："小明，水龙头。""哦，妈妈。"孩子立刻去关掉了水龙头，事情就这样简单圆满地解决了。

家长有时候只要简单描述出问题所在，不需要说教，孩子自己就能够改正。

第三，家长要注意的是，批评不要批评孩子的人品和才智，要做到对事不对人。

常常会听到家长在教育孩子的时候说“坏孩子”“笨蛋”等在我们老师看来是禁忌词汇的说法。其实家长不知道，他们轻蔑的眼神和语调，随口的负面评价都很容易深深地伤害到孩子的心灵。有心理学家就曾经说过，当我们成年人面对外界批评时，内心所产生的痛苦，其实往往来自于记忆中被父母否定的那种伤痛回忆。从中可见儿童在幼年时遭到的粗暴的否定和批判这种印象会在潜意识中伴随孩子一生。所以家长在批评孩子时一定要慎重用词，语言是具有杀伤力的。家长要把问题集中在事情的本身，而不是攻击孩子的个性、人品或者智力。如果孩子内心相信了自己是个“笨蛋”，是个“坏孩子”，那么孩子怎么去建立自己的自信和自尊呢。让孩子理解我们是爱他们的，但是我们不喜欢他们做的某些事，这些事是可以改善的，并不影响爸爸妈妈对他们的爱。

第四，有时候批评可以换一种方式。

并不是所有的批评都要声色俱厉的，有时候我们换一种方式效果或许更好。国外的一个爸爸，他喜欢给孩子发短信来表达建议。他会在手机短消息中对孩子说：“亲爱的哈利，你房间的垃圾桶已经三天没有清理，放学后记得清理一下。爱你的爸爸。”有的孩子会对爸爸妈妈的负面评价很敏感，而用短消息、网络留言或者便条则避免了这种紧张对立。文字往往比口头的警告更温和，也更容易让孩子接受并且记住。

用幽默的方式引导孩子也不失为一种有智慧的教育方式。记得以前看过这样一个有趣的故事：

有一个妈妈在厨房忙碌，她既要抓紧时间搞好厨房清洁工作，还要在傍晚前为全家人做晚饭。妈妈感到自己身心俱疲，需要家人的帮助。当她忍不住要抱怨时，这位聪明的妈妈想到了更好的方法。她用电脑打印了一张“通知”，把它贴在厨房的门口，让每个孩子都能看到。

厨房危机

有目击者称，史密斯餐厅的厨师正在厨房里走来走去，威胁说要辞职。

据可靠的内部消息透露，她一边生气地捶打着土豆泥一边抱怨：“一个人干不了这么多活！我没法一个人支撑起整个餐厅！”

由于这场可怕的危机，我们请所有长期顾客立即自愿提供服务。

我们需要从事如下活计的工人：

——打扫地板

——擦桌子

——擦水壶和平底锅

——清洗瓷器和餐具

——操作洗碗机

请查阅并选出你想干的两种工作。

附言：无需工作经验，免费现场培训。

本来一起可能的火光四起的家庭危机就在母亲的幽默下变成了一次孩子们和家长亲密互助的有趣活动了。显然，如果家长能用幽默感鼓励孩子的合作，就不用唠唠叨叨地说教，更不需要用父母的权威来强迫孩子了。孩子往往也更乐于接受批评或者配合家长。

好的批评不是威吓，不是攻击，不是操控，它应该是简洁、明确，对事不对人。好的批评包含着对孩子的尊重，它的目的是改善孩子的行为，鼓励孩子的合作，培养孩子的主动性、责任性、进取心，如果可以的话，还能培养出孩子一点点的幽默感。所以，家长不妨学一学用更理智、更智慧、更幽默的方式来“批评”吧。

如何和孩子做朋友

在传统的教育中，父母往往是权威的象征，尤其是父亲的形象，代表了纲常伦理与威权思想，古人就说过“父为子纲”，这种以父为天的旧式家庭关系在现在的社会里早已经被淘汰了。我们鼓励新式的家长和孩子有一种平等的姿态，能用心相处，建立一种亦师亦友的关系。和孩子做朋友，不代表要讨好孩子，不能为了和他们成为朋友而放任姑息孩子，父母在有必要的时候仍然需要做规矩，仍然需要建立孩子对权威的敬畏感。但是在日常生活中，父母和家庭应该是让孩子感觉最放松、最亲切、最如沐春风的存在，是孩子心灵的依靠和港湾。在平时生活中和孩子建立平等互相尊重的关系，关注了解孩子的内心，分享孩子的喜怒哀乐，这对孩子的健康成长是有益无害的。

很多家长向我反映，他们也想和孩子做朋友，也想走进孩子的内心，但总是难以实现。低年龄段的孩子往往依赖父母，把父母当作依靠，不是朋友；等到孩子再大点了，又开始逆反了，越来越抗拒家长的亲近，逃离父母的约束和关爱。家长对此常常感到束手无策。

其实方法是有的，和孩子做朋友的第一点就是了解孩子的喜好，从兴趣爱好着手。

我曾经有个家教的学生叫多多。多多是四年级的孩子，他个性非常腼腆，不善于表达，所以孩子对自己特别没有信心。多多来上课的时候，情绪总是比较低落，我试图和他沟通，他也是闷闷的，说不了几句。我意识到在这样沉闷的氛围中，孩子的学习是没有办法提高的，只有他觉得每次来我家补习是件高兴的事，和我互动是生动有趣的，这样孩子才能够享受学习的过程，而非闷闷不乐的强迫式学习。

所以有一次上完课，我没有急于让多多走，而是和他聊起天来，并把他带到我的书房。我告诉多多："我有很多很多的书，不知道你喜欢不喜欢读书，我可以借给你。"他认真扫视起我的书架，最后目光停留在一本阿西莫夫的《我，机器人》上，我猜想孩子有可能喜欢科幻小说，就问他："多多，你喜欢科幻小说吗？"他一贯闷闷的小脸上有了一丝兴奋之情，告诉我他可喜欢科幻小说了，他爸爸给他买了很多凡尔纳的书，他都很喜欢。

"这个好看吗？"他指了指书架中的阿西莫夫的《我，机器人》，充满了好奇。

"这个非常棒，你听说过机器人三大定律吗？"我饶有兴趣地给孩子介绍起阿西莫夫这个机器人之父了。多多津津有味地听着，眼睛都亮起来了。临走时，我把阿西莫夫的书借给了他，告诉他我还有乔治·威尔斯、罗伯·特谢克里等其他好多科幻小说家的书呢，等读完了这本下次我再借其他的书给他。

就这样一来二去，我和多多因为科幻小说开始成了朋友，他不仅来上课时情绪积极了很多，还和我分享了很多学校里发生的事。后来，甚至带来了他自己写的科幻小说，我并没有因为他小小年纪就轻视他的作品，反而认真地研读了，还和他分享我的感受，鼓励他继续进行创作。从和多多相处的经历中，我也学会了关注孩子们的兴趣，和他们分享这种热情，并建立友谊。

其实想走进孩子的内心世界并不难，爸爸妈妈要做有心人，了解孩子的喜好，将他的兴趣爱好作为切入口，给他们倾诉的机会，感受他们的热情和快乐，支持他们的兴趣，孩子自然就愿意和家长多沟通了。

第二个和孩子成为朋友的小技巧就是要“放低自己”。

邻居家的小聪妈妈也想和孩子做朋友，所以我告诉她找找看孩子的兴趣，从这里入手。结果，她告诉了我她的失败经验。

事情是这样子的，小聪是个初中一年级的孩子，平时背着个书包总是来去匆匆的，也不太喜欢多说话。小聪的爸爸妈妈有点担心，觉得孩子好像和他们没有小时候那么亲近了，也不爱跟大人交流，晚上做完功课就自己看电脑、看书。

小聪的妈妈很想和孩子多多交流，但总是找不到合适的方法。有一次，看到孩子在操作电脑，想知道孩子在做什么，就靠过去看。

结果小聪不乐意了，觉得妈妈偷窥他的隐私，嘴里嚷嚷着：

“哎呀，你干什么啦？”

“宝贝，你在干什么呢？”小聪妈妈问。

“告诉你，你也不懂的。”孩子不耐烦地回答她，“你快点走开啦！”

妈妈只能悻悻然地走开。

小聪妈妈告诉我，她其实并非真的想偷窥孩子在干什么，只是想知道孩子在想什么，想知道孩子喜欢什么。我问她：“那么，小聪以前有喜欢过什么吗？”小聪妈妈回答我：“好像以前三年级的时候有喜欢看漫画，不过我和他爸爸觉得这对孩子学习不好，就禁止他看了。”

我告诉小聪妈妈，其实这可能就是问题的所在。当孩子还对你们敞开心扉，表达自己的兴趣和热情时，你们给了他迎头一盆冷水，浇灭了他想和你们沟通的欲望，那以后当爸爸妈妈再想去了解孩子的情感喜好时，他就会关闭自己的心门了。

其实，很多家长都可能做过这样的事情，在孩子津津有味看动画片的时候，爸爸说：“这么幼稚无聊的东西你还看”；当孩子在看小说时，家长随意的评价一句“无聊”，这些都打击了孩子和家长沟通的积极性。要知道孩子还比较小，他们本来的兴趣爱好就不可能像大人期待地那么深刻，漫画、动画、游戏、武侠小说、音乐就是孩子休闲的兴趣所在，在最初他们也想和爸爸妈妈交流，分享他们小小的快乐，但是爸爸妈妈表现出了对他们兴趣爱好的嗤之以鼻，有的甚至不善加引导就完全粗暴地禁止了。

教育中有一句话叫“Come down to the level”。就是指家长和孩子相处沟通时要“蹲下来”，不仅是身体要蹲下来，和孩子在一个水平线；在心里也要学会“放低自己”，不要在心态上把自己放在上帝的位置，高高在上，觉得孩子什么都不懂，觉得孩子做什么都不对，觉得孩子喜欢的东西无聊幼稚。正是这种傲慢的家长姿态，使孩子们不愿意和父母交流，对父母越来越沉默，对说教越来越叛逆。

家长试着放低自己到孩子的水平，用他们的眼光来欣赏他们的喜好，或许里面也有很多闪光点；如果觉得孩子的喜好不够有教益，不妨慢慢引导培养孩子其他方面的兴趣，但切忌随口批判和打压。家长一开始要态度积极，以了解孩子内心为主。如果没有一直受到攻击，孩子也就越来越愿意说学校里说身边发生的事了，家长才能有机会深入了解孩子。爸爸妈妈也可以自己放开心怀，把孩子当成半个大人，和孩子聊聊爸爸妈妈自己的喜好。大家可以轻松自在地聊聊电视、聊聊动画、聊聊新闻，甚至聊聊社会上的热点。孩子如果在家里可以和大人一样畅所欲言，亲子关系中就形成了良好的沟通，孩子和爸爸妈妈也建立起了平等的友谊，家人间的感情就更加深厚了。在聊天中，家长也可以慢慢引导孩子对事物、对社会的看法，这远比批判说教有益，形成了润物细无声的效果。

亲子沟通的密码——肌肤的接触

建立亲子间的沟通，并不单单是孩子愿意对大人倾诉，大人愿意去聆听孩子的心声，并且去理解他的心情。沟通是人与人之间非常复杂的一种互动。心理学有一项数据表明：在人际沟通的具体效果上，书面语只占7%，声音占38%，而肢体语言则出人意料地占到了55%。所以我们提倡的亲子间沟通的艺术，不仅是语言上的交流，心灵上的理解，还有亲子间肢体的互动，肌肤的接触。

曾经在学校中开过一堂幼儿低级别的英语公开课，其中有一个环节是让孩子用肢体语言来唱一首英语儿歌。歌曲的旋律是《两只老虎》，歌词是这样的：walking， walking，walking，walking，hop，hop，hop，hop，hop，hop，running，running，running，running，running，running，now let's stop，now let's stop.（走，走，走，跳跳跳，跳跳跳，跑跑跑，跑跑跑，现在我们停下）。在第一遍的演示中，我们让孩子一边唱一边走跳跑，帮助孩子理解歌词；第二遍则不同，我们让孩子们坐在小小的板凳上，伸长他们的两条小腿作为“马路”，然后让孩子们两只小手各伸出2个小手指表示一个人，让小手指从小朋友的腿上模仿一个人开始往下移动，两个小手指时而“走路”，时而“跳跃”，最后又一路飞奔从腿上移到脚踝。孩子们都觉得有趣好玩，但是这样还不够；第三遍我们就邀请孩子的爸爸妈妈一起来玩这个游戏，用爸爸或者妈妈的手臂作为长长的马路，孩子们的2个小手指作为行人。于是，孩子们边唱“走路，走路，跳跳跳……”一边移动起了小手指，从爸爸妈妈的手背开始向肩膀移动，等到唱到“跑”的时候更好玩，随着手指快速的移动，孩子仿佛是挠起了爸爸妈妈的痒痒，全场的家长和孩子都笑成了一团，抱在了一起。

其实，这才是我想教给家长的亲子游戏，在游戏中让爸爸妈妈和孩子有肌肤接触、有互动，这样孩子才会和家长建立起信任亲密的关系，才能形成一种情感上的良好沟通。

英国的教育学家斯宾塞说过：“我认为拥抱、抚摸、牵手，也是教育的一部分。”这位教育学家把这个方法用在了他的儿子身上，经过几年的实践证明，他说：“如果给自己的孩子多一点拥抱、抚摸，有时甚至是亲昵地拍打几下，孩子在对外交往及智力、情感上都会更加健康。”对于低龄儿童来说，和父母用肢体语言互动，有肌肤接触，这是非常重要的。相比于西方国家表达感情的直露，中国的父母还是有些含蓄，尤其是父亲，往往吝惜于和孩子的互动和做亲密的动作。我们鼓励家长在孩子年幼的时候多拥抱、多亲吻，摸摸孩子的头，拉拉宝宝的小手，这些亲密的肢体小动作都会为家长和孩子搭建起默契心灵的桥梁，让孩子在无声的语言中领会到父母的爱意。

曾经参加过一次婚礼，席间坐在一对年轻父母的身边。他们的孩子是一岁半，坐在爸爸妈妈中间的婴儿椅上，小宝宝自己努力地喝着小水壶中的水，吃着东西，非常可爱。婚礼场地的音响设备调适的时候有一些问题，发出了几声尖锐的声音和电磁声，而我们的桌子离喇叭又很近，电磁声一响，孩子惊到了，整个小脸都皱了起来，露出要哭的表情。边上的妈妈立即用手护住宝宝的耳朵，让孩子的脸贴在自己的颈上，让孩子能感觉到妈妈的体温和肌肤，爸爸也在边上，轻轻地吻了吻孩子的脑袋，用自己的手拉着宝宝的手，不断安抚着，小宝宝就这样情绪稳定了，孩子从父母的肌肤接触中得到了抚慰和爱，内心便有了安全感，对于孩子来说这样的拥抱和抚触是最直接有效的安慰。

如果我们没能给予孩子足够的肌肤接触、肢体互动又会如何呢？

朋友的女儿快两岁了，到哪儿都要拿着她的熊宝宝。由于考虑到卫生问题，有一次妈妈洗了，但是没有干，女儿就大发雷霆，甚至不睡觉来抗议。后来，妈妈只得又去买了一只一模一样的小熊，结果也被女儿扔在地上。对于孩子这样的“恋物癖”妈妈感到很无奈，来寻求我的帮助。

我了解到，这个妈妈在孩子1岁起就让女儿单独睡一个房间，女儿有过哭闹，但是妈妈觉得一定要锻炼她的独立能力，不能总是赖着大人。从那时候起，女儿睡觉的时候就一定要把小熊放在身边。试想，在我们小的时候一个人身处黑屋子，我们都会感到害怕，何况是1、2岁的婴幼儿。我们鼓励在孩子成长的过程中循序渐进培养孩子的独立精神，但是在此之前，对于低龄儿童，尤其是宝宝，他们更需要的是父母的皮肤的接触、手指的抚摸，以此来交流感情，建立“亲情”的纽带。如果婴幼儿能充分感受到母爱的表达，那么才能对孩子以后健康的身心发展奠定出良好的心理基础。所以在面对这位母亲的时候，我建议她抽空多陪伴孩子，增加睡前陪伴，用自己的亲情来化解女儿对于小熊的依恋，把这份情绪转移出来。

科学研究表明，所有的哺乳动物天生就有被触摸的需求，一旦被抚触就会表现出很享受和平静的状态。相反，如果这种需求被剥夺，就会丧失欲望，甚至会产生不正常的行为方式。这个小女孩就是产生了一些恋物的情绪，而这种情况是因为“皮肤饥饿”。因为她潜在的渴望，即被关心的需求无法从母亲的身上得到，只能通过这些无生命的东西获得安全感。“皮肤饥饿”是一个心理学名词，是指那些在幼儿时期极少得到拥抱、亲昵的孩子，长大后形成的一种竭力又深刻的渴望被爱、被关心、被抚慰，如果这种感觉过于强烈，会导致一种病态的情感需求，其中一个表现就是恋物癖。

如果一个人在婴幼儿时期，能充分地享受到父母的“皮肤接触”，就不会形成心理上的“皮肤饥饿”，会对自己所获得的爱感到满足。这对培养日后的情绪平衡能力、自信心，以及关爱别人的能力都能起到很大的积极作用。

每次我们讨论到如果孩子一直跟父母同房同床以后会没有独立性时，小区里的一个妈妈就会告诉我们她的经验，她的孩子因为是母乳宝宝，所以从出生就和她一起同床睡，当时很多人都反对，认为宝宝以后会离不开妈妈。但是她说，等到孩子2岁多的时候，就主动要求自己一个人睡，等到上幼儿园的时候，要求回自己的小房间睡觉，她觉得非常震惊，但是孩子晚上都睡得很好，不像别人形容的那样会离不开妈妈，长不大之类的。所以她一直用这个经验告诉我们，每个孩子的成长都不一样，但是早期给予孩子充分拥抱和呵护，这样的孩子长大反而独立，因为他有足够的安全感来支撑他的成长。

所以我觉得宝宝哭闹时，不妨抱一抱宝宝，小猫、小狗还是如此，更何况人类。对宝宝的皮肤接触，把自己的感情传递给宝宝。如果宝宝不能接受分床或者分房睡觉就不要强迫他们，让孩子睡在妈妈的身边，通过皮肤接触让宝宝感到母体的温暖和柔软。妈妈的呼吸、气味、微笑，让宝宝通过这些细节来感受母亲的爱。

我也想起一件发生在小永身上的事情。随着天气渐渐转热，有一天早上起来，正在穿长裤，那天小永在我起来前就醒了，看到我露着腿，一下子就转过来抱紧，然后亲亲，那个样子真的很好笑。白天玩耍的时候，我把穿着裤子的腿伸给他，说：“小永抱抱。”他看了看没有一点反应。第二天早上，我又把裸露的大腿伸给小永，他又饿狼似得扑过来，抱住猛亲。儿童对皮肤是有敏感度的，通过皮肤的接触来体会爱，这是一种最原始的最美好的感觉。

曾经看到一则新闻，有个澳大利亚的早产儿，医生判断已经没有生命特征了，但是她的母亲没有放弃，把他放在自己的胸口，2个小时过去了，孩子竟然自己呼吸起来，这就是通过接触，他和妈妈有了共鸣，通过体温，将生命延续下去。听来很神奇，但确实证明拥抱和皮肤接触是很有效的爱的传递，不光可以给孩子安慰，还能防止以后孩子有肌肤饥饿症，这并不是危言耸听。有些孩子长大以后，不允许大人碰他，都是无安全感的表现。人在童年通过父母的抚触获得身体机能，也获得爱的感受。所以当孩子处于肌肤敏感期的时候要尽可能拥抱亲吻孩子，一旦过了这个时期，孩子的身体没有得到满足，就会有无法预计的过激行为出现。经常拥抱给会孩子这样的暗示：我们在你身边，我们爱你，无论发生什么情况有我们在你身边，如果受伤了、失败了不要紧，我们会保护你，在我们身边你很安全……这样的孩子，是不会依恋一个小熊或者一个娃娃的。

第五章

早点开启孩子的智慧

幼儿期并非没有记忆

小永四个月开始，我就带着他到处去玩，不甘心只在小区里散步了，公园、商场、市郊等各种场所都留下了我们的足迹。母乳宝宝没有加辅食之前，带出门是很容易的，只要有我在，一根背带，一块哺乳巾，带上尿布，我可以带他去任何地方。

我和小永的外婆都是闲不住的人，我们觉得有了孩子也不应该完全束缚自己的生活，所以我和小永外婆经常带着小永到处跑，有时候是出门办事，有时候是去逛街，有时候带小永去公园看风景，应该说小永很早就开始过社会生活了。虽然带孩子上路大人会比较疲劳，出远门旅游要准备的东西也很多，但是这些琐事并没有阻碍我带他出门的热情。

小区里有个妈妈叫朱莉，她的丈夫是德国人，他们的混血宝宝已经一岁半了，他们夫妻俩已经带着他走过了很多国家。朱莉说，有孩子之前她和丈夫就非常热爱旅游，经常利用工作之余去自由行，他们还热衷于探险、潜水等挑战运动，现在有了孩子，他们决定要带着孩子一起去周游世界。每次遇到她的时候，我都会向她讨教如何带小孩出门，如何带孩子坐飞机，如何照料外出的小孩等。他们家的宝宝从四个月开始就跟着父母到处飞，先是回到德国去看爷爷奶奶，然后陆续又去了越南、三亚、欧洲等地方。朱莉有着丰富的带孩子旅行的经验，很多妈妈经常会在带孩子出门旅游前，在微信群里询问她各种情况，她总是很高兴地将一些经验和我们分享。她说，她很高兴妈妈们愿意带孩子出门，虽然家长们可能会比较辛苦，不过越来越多年轻的妈妈们意识到带孩子去看世界的重要性，甚至带出去的孩子越来越低龄化，这说明大家没有受到传统思想的束缚。

我也主张尽早带孩子去认识世界，有些家长或许会质疑，孩子很小就带出去，他什么也不知道，什么也记不住，这有什么用呢？首先，这是家长的心态长期受到应试教育的侵害了，为什么出去玩一次就要像考试一样，一定要有用，一定要有所收获，有所思考呢？

而且，所谓的孩子太小记不住，这其实是我们对孩子记忆的误解，不是只有会说会写才是记住。实际上，儿童记忆系统是很复杂的，他们虽然不依赖语言和文字，但是确实存在他们自己的记忆方式，比如用触觉、视觉、嗅觉等感官来帮助记忆。

大多数人都认为我们是不太可能记得0-4岁之间的事情的；但是也有一些人认为是可以记住的，甚至能追溯到更早，但这个很难判定。因为我们很难证明这些记忆，也无法通过科学的手段来证实，这些画面究竟是真实的记忆还是想象出来的。

不过，心理学家在这方面做过一些研究，通过一系列的实验来证明幼儿记忆的形成。如果早到婴幼儿时期我们就能形成记忆了，那么，其实人类是应该能够记得自己幼儿早期发生的事情的。

上世纪六十年代，Carolyn Rovee-Collier（现任职于Rutgers大学）教授和同事们设计了一个经典实验。他们让一个9-12周的婴儿躺在自己家里的躺椅上，给他看一个色彩鲜艳的旋转风铃，然后在这个婴儿的脚上系上一根绳子，另一端绑在旋转的风铃上面，当孩子踢脚的时候，就会带动风铃响。如果他踢得很用力，那风铃就会发出很大的敲击声。教授们发现，8周大的婴儿在经过一段时间之后就能发现踢脚和风铃转动之间的联系，然后在过了45分钟之后，这个婴儿还是会通过踢脚来控制风铃的声音。

接着，这个最初的风铃就被替换成其他的样子，经过几轮的测试下来，发现婴儿只有在使用最初的风铃时才会踢腿比较频繁，这说明他记得那个风铃的样子，这就是一个非常让人激动的发现，因为之前的理论都是认为人的长期记忆要到8、9个月才会出现，现在则让人们知道，其实我们的记忆系统很早就开始工作了，只不过婴儿的记忆比较脆弱，保持的时间比较短而已。

抛开这么复杂的实验理论，从孩子本身出发，多带孩子出门，去环境好的地方，空气好有利于孩子的身心健康。而尽早的接触外界，也可以刺激孩子的视觉神经，让孩子拥有丰富的视觉素材，有助于他们智力发育，并且能增强孩子记忆力和想象力。孩子稍微大一点以后，也可以接触形形色色的人，锻炼他们的社交能力，这些对能力的开发和培养，对他们终生都是有益的。

和孩子一起的活动，家长也是受益者

我一直提到我们小区有一个自发组织的妈妈群，我们的会长叫米娅，她的儿子比小永小两个月，每个周末她都会组织我们这些妈妈带着小孩一起聚会。有时候在小区旁边的公园，有时候在小区里面的星巴克。从刚开始只有2、3个妈妈响应，到现在每次参加都是将近10个妈妈，甚至有些小区妈妈的同学或者朋友知道了这个聚会，他们也会开车带着孩子从很远的地方赶过来参加宝宝聚会。我们这群妈妈的特点就是，基本都是母乳妈妈，然后只要是自己在家，都是自己带孩子的，所以对于育儿都比较有共同语言，很多妈妈都表示这种聚会不光大人们很乐意聚在一起聊天交流；对于孩子来说，这种社交活动也是很有意义的。

现在越来越多的父母都是双职工，都在职场拥有很骄人的成绩，所以有些父母为了自己方便，就把孩子长期交给长辈，平时就下班回家的时候看一下，周末也不太去照料孩子，几乎就是全托的模式了。这种情况我们妈妈群都比较反对。上班即使再辛苦，每天晚上大家都坚持把孩子带回自己家，周末也愿意自己带孩子，和孩子进行一些亲子活动。

周末如果一整天都待在家里也是很枯燥乏味的事情，所以鼓励家长们要带着孩子一起出去呼吸新鲜空气，感受大自然，不仅孩子们可以在一起玩，一起互动，家长们之间也可以交流一些育儿心得，学习经验。从小永4个多月开始，我就和米娅一起发起这个活动，刚开始通常只有我们两家人，每次就交流一些哺乳经验和宝宝的一些日常用品，慢慢地就有越来越多的妈妈加入了我们的阵营。有些妈妈来参加了以后都说内容很丰富，也学到了很多东西，小月龄的妈妈可以向大一点月龄的妈妈咨询各种育儿心得，妈妈们在一起还能交流些小孩子衣食住行的一些生活问题，有好的产品互相推荐，也省却了妈妈们一些选择的烦恼，对我们这些孕育第一胎的妈妈来说，都是很好的帮助。有些妈妈还会带自制的面包、酸奶给大家分享，天然制作的产品受到了妈妈们和小朋友的欢迎。有些热衷给小孩子做美食的妈妈们，还在一起交流菜谱，我们还经常在微信群随时交流平时的一些生活琐事，带孩子的心得体会等。

我们都知道，人是群居的动物，每个人都需要伙伴。宝宝生下来第一个社交对象是父母，父母对孩子的关怀和照顾，使得他建立起对人的信任感。随着孩子的逐渐长大，他开始运用自己形成的对人的观念和印象，以及从父母那里学到的知识，开启他们的社交活动。

幼儿期的宝宝，父母就应该有意识地多带宝宝外出，创造更多的机会让孩子接触其他成人和儿童，让宝宝形成一种社交的初步概念。然后在他慢慢成长的过程中，帮助他建立一个自己的小小社交圈。有时候，孩子们会有一些冲突，比如争执抢玩具之类，家长无需担心，这都是宝宝们学习待人接物、处理社交问题的宝贵机会，所以大人不要立即去阻止这种冲突，试试让孩子们自己解决，没有拿到玩具的哭闹也是孩子在学习社交中必然经历的一个过程。

社交经验丰富的孩子比缺乏社交经历的孩子更容易交上朋友。小永四个多月的时候开始怕生，只要见到陌生人就会哭，但是很奇怪，每次周末到了聚会时间，见到再多的家长和小朋友都不哭闹，反而非常兴奋，精力旺盛。所以每个星期只要没有特殊安排，我都会带着小永和小永爸爸一起参加，小永认生的情况逐渐改善了。之前，小区里面几个保洁阿姨和门卫都知道我们很怕生，怕他哭闹，每次看到我们路过都会稍稍回避一下；针对小永的这个情况，在他稍微大一点认生情绪没有这么严重的时候，我就开始引导他和别人打招呼。最开始孩子配合度会比较差，这并非他们不懂礼貌，而是面对陌生人本来就会给孩子很大的压力。所以，在初期，家长不要强迫孩子去微笑或者打招呼，叫人之类的，正确的做法应该是家长这个时候可以用孩子的口吻主动和别人打招呼，慢慢诱导孩子行为语言上的模仿。比如我就会说："小永，跟阿姨说再见……小永，跟奶奶说早上好。"最初的时候，小永是完全没有任何反馈的，只是听着我这么说，然后注视着和我们对话的人。然后慢慢地他就有所改变了，不仅顺利度过了认生期，还会主动和小区里晨练的爷爷奶奶们打招呼，和幼儿园门口的保安叔叔再见，别人跟他打招呼他还会回应。现在每天早上推他去外婆家的时候，路上遇见的大人们都很愿意和他打招呼。有时候，小永外婆外公带出来玩的时候，遇到这些爷爷奶奶，他们都会表扬小永有礼貌，外公外婆也很开心。有谁知道，半年前小永的认生期阶段是相当磨人的，搞得我们每个人看到生人都避免正面接触。现在他已经变成一个非常乐意和别人打招呼的孩子了。所以不要在幼儿心理还没有准备好的时候就强迫他们去做一些大人以为理所应当的事，爸爸妈妈需要的是长期坚持的言传身教。你希望他成为一个有礼貌的孩子，你自己为人冷漠肯定是不行的，你也要成为一个待人接物很有礼貌、很热情的人，让孩子看在眼里，他就会慢慢学到这种礼貌，这是一种潜移默化的影响。

小聚会的概念，不要把视角局限于孩子参加了有什么好处，而应该自己体会一下这些活动对孩子有什么好处。如果我们自己对参加一些亲子聚会态度很消极，或者带孩子出去亲子活动的时候，只要孩子能玩得好，自己就乐得打打电话、玩玩手机，那么就失去了带孩子去参加亲子活动的意义。我有时候会看到一些妈妈把孩子带到商店的儿童活动专区，然后妈妈自己就在旁边玩手机、看视频，常常觉得很遗憾。为什么不陪着你的孩子一起玩呢，其实孩子是很希望、也很需要家长的参与的。总是把孩子扔到一边让他们自己玩，其实孩子玩着玩着应该是挺失落的。大人们可以一起陪着孩子玩一些积木拼板，一起做做益智类的游戏，不仅孩子得到快乐，大人们也能够从中拾回童趣。所以每次上公开课，我都会邀请爸爸妈妈和孩子一起来唱歌、跳舞、做游戏，让爸爸妈妈和孩子们有更多的互动，他们在亲子活动中也往往玩得很开心。

如果有的妈妈带孩子出门感觉像是完成任务，自己对自然美景、风土人情视而不见，所到之处也没有任何兴趣，外出一趟感觉内心毫无收获，甚至觉得带孩子出门就是受罪，自找麻烦，甚至还把这种心情责怪到孩子身上，那么还指望你的孩子有什么收获呢。

或许成人脱离了童年生活太久，一直围困在办公室格子间，缺乏生活情趣和浪漫情怀，我们这些家长似乎都快忘记要如何去玩耍，去享受生活了。何不利用带着孩子一起上路的这种机会，让自己重新学会享受生活、享受自然、享受美、享受爱，只有我们充分享受轻松愉快的过程，才能让孩子跟着我们一起感受生活的美好。不要让那些功利的条条框框束缚了自己的思维，对孩子、对生命、对大自然多一份热情和敬畏，把幸福感带给孩子，也找回我们被剥夺的幸福感。让孩子去亲近自然，让孩子们在丰富多彩的生活中健康发展，让他们的生活更加多姿多彩。

运动是教育的基础

小永月子里，月嫂坚持每天给他做按摩和洗澡，对于婴儿来说，这就是很好的被动运动。小婴儿没有行动能力，帮助他做一些适量的肢体锻炼对他的身心发展是很有帮助的。婴儿按摩不仅是父母与宝宝情感沟通的桥梁，而且有利于宝宝的健康。按摩具有帮助宝宝加快新陈代谢、促进身体发育等功效。通过对宝宝皮肤的刺激使身体产生更多的荷尔蒙，对食物的消化、吸收和排泄，加快体重的增长都是很有好处的。宝宝全身的肌肉得到按摩会使肢体长得更健壮，身体也更加健康。按摩还能帮助婴儿睡眠，因为抚触能减少婴儿的不安全感，稳定婴儿的情绪。

月嫂离开后，我也坚持每天给小永做翻身和脊椎按摩，我还翻看了一些幼儿穴位按摩的书，觉得非常实用。捏脊是我每天都坚持给小永做的一项按摩。将双手的中指、无名指和小指，沿着小孩子的脊椎，自尾椎两旁双手交替向前，用捏法把皮捏起来，一边提捏，一边向前推进，由尾部捏到枕项部，重复3–5遍。小儿捏脊得到了很多中医的认可和推荐，不仅可以缓解小儿肠胃虚弱，感冒咳嗽类的肺部疾病，夜啼、睡眠不安等症状，还可以促进小儿气血顺畅，对身体发育也有很好的帮助。小永6个月前，吐奶非常严重，那个时候参考了一本小儿中医推拿穴位的书，几个穴位按摩了一段时间，发现确实吐奶的现象得到了缓解，其实我觉得父母多花一份心，孩子就多一份健康。

因为婴儿是没有办法自主运动的，所以这个时候父母一定要多花一点心思帮助他们每天进行适当的运动。都说生命在于运动，运动是生命的基础，而婴儿从出生时就进行着一系列的运动。最早是吃奶，锻炼口腔与面部肌肉，为他将来的表情、语言、牙齿的发育都打下良好的基础。吃母乳的宝宝，有科学证实，他的语言能力和牙齿发育都要优于不吃母乳的宝宝。从这些运动开始，婴儿沉睡的脑细胞开始有了交集，经过运动的刺激，婴儿的大脑逐渐有了行程图谱，对各个感知有了细节化的控制，他开始慢慢了解自己的手脚，以及身体的技能。

这就是说，孩子最先产生的是感知，从感觉慢慢变成一种意识，我们要充分尊重孩子的这个学习过程，身体动起来，大脑才会动。身体运动与人的思维和情绪都是密不可分的，有些人说大脑到一定阶段就完全停止发育了，但是脑科学家已经证实这是误区。人在一生的不同阶段都可以掌握学习的技能和知识，大脑的开发是没有限制的，但是必须要说明小脑的开发存在阶段性，所以，运动的技能如果在青春期前没有得到很好地开发利用，以后就不会再有这个机会。我们都说身体是革命的本钱，所以在智力可以长期开发的前提之下，身体的发育作为载体就显得更加重要，必须提前开发起来，任重而道远。

在学生时代，我们可能都有这样一种感觉，如果通过运动和游戏学习，我们所学到的知识会特别深刻，那是因为整个身体都在帮助我们记忆。在新型语言教育中就有一种教学方法，叫作Total Physical

Response，简称TPR。其中一个层面就是指通过孩子的身体反应来学习语言，在“听”和“做动作”中完成学习，利用肢体来帮助儿童记忆，在运动中、互动中完成教学。这个教学方法正是利用了运动有益于记忆的形成和大脑的开发这种原理。

在运动中，人们的大脑会分泌出“多巴胺”，会使我们产生快乐的感觉，这也有利于我们在学习中保持愉快心情，起到调节情绪的作用。另外，不像其他枯燥的学习类型，运动中也往往有很多人与人之间的互动，既有合作，也讲竞争，这能帮助孩子更好地融入团队，提高他们的社交能力、情商及心理健康。所以说运动好的孩子一般更适合群体生活，自信客观，独立自主，做事也会显得更加有效率。了解了这些理念，在小永的成长发育中，我更注重运动对他的帮助。

自从小永会爬、会扶站以后，我仍然坚持鼓励他多爬，和父母沟通好，不必太早去要求孩子站立，除非他自己站起来。其实，爬行对婴儿来说也是一项非常有益的运动，因为完成爬的动作需要全身许多部位的参与，包括手臂、腿脚、胸、腹、背等，还需要大脑对这些部位的肌肉运动进行协调平衡。爬既能锻炼婴儿全身骨骼和肌肉的力量、协调能力，又能增强小脑的平衡与反应的联系，这种联系对婴儿日后学习语言和阅读会有极大的帮助。在婴幼儿最初的时期，爬行也扩大了他们的活动范围，从只能平躺或者坐着，到拥有了一定的行动能力，对孩子来说都是很新鲜的，也为他们探索周围的环境创造了条件。孩子想爬到哪儿就去哪儿，只要他愿意爬，再远的玩具也能拿到，让他有一种通过自己努力去获得东西的体验，不光能促进他认知能力的发展，对他的智力发育也有相当大的好处。

整天躺在床上，孩子的体能消耗是很有限的，我发现孩子能爬能走有了一定的运动量后，他白天的饮食比较规律，吃饭的时候也不用想尽办法去喂，因为运动使孩子耗费了体力，之后他自然就饿了。运动过，吃了饭，休息一会儿，自然就想睡觉，下午的午睡休息也不像以前那么折腾了。所以运动不光是对于身体，对于孩子的饮食、休息、生活作息都起到一个很好的协调作用。

小巫曾经在她的书里提到经常会带她的孩子们去爬长城、爬山。运动不光能锻炼孩子们的身体，他们夫妻两个人也在这种环境中跟着孩子一起强身健体了，不仅是一次亲子活动，更是一次全家健身。我在五月的时候也和父母一起跟团去仙都游玩，团中有一家是爷爷奶奶带四岁孩子出来旅游的家庭。第一天大家一起去爬朱谭山，四岁的孩子跟着我们一起爬，虽然有的台阶孩子走起来有点困难，但是他一点都不怕辛苦，一步一步跟着大人一起上山。危险的地方，大家就搭手扶一下保护好他。习惯了城市里悠闲生活的大人们，有一些爬到最后累的都不行了，但是这个小男孩跟着我们坚持到了最后。所以不要以为孩子小就会很娇气、很柔弱，其实他们比你想象中更坚强，孩子的体力、毅力也有可能比很多大人都要好。

小永会走以后，我只要有空，天气好，就会带他到处走走。有时候在小区，有时候去附近的公园，和孩子一起散步，是一件非常有趣、有意义的事情。而且孩子会行走后，探索欲望也会越来越强烈，身体机能与大脑思维就会配合得越来越好。即使每天重复相同的路线，孩子依然会在行走和周边的环境中获得乐趣，他们的思维和观察能力也会越来越宽广，适度疲劳对睡眠和饮食也有帮助作用。

有些父母担心孩子外出遇到陌生人会有危险，加上道路状况又不太安全，舍不得让他们在外面跑，其实这都是多虑了。只要有相应的安全措施，保证孩子在家长的监管之下就可以了。

我们鼓励家长多腾出一些时间，陪着孩子一起到室外去，一起散步，大一点的孩子可以和爸爸妈妈一起做做运动，可以拍拍小皮球，跳跳绳，可以一起赛跑。室外空气清新阳光充足，这些对孩子的生长都是必须的。带孩子去走走，看看花花草草，看看小鱼小蝴蝶，看看自然中四季的更替，这些不仅开拓了孩子的视野，还可以有效防止孩子沉溺于电视、Pad、电脑、游戏机等高科技产品中，保护了孩子的视力，帮他们树立了健康的生活方式，家长何乐而不为呢!

大自然是最好的老师

有些父母谨小慎微，不敢把孩子带出去旅游，怕孩子经受不起旅途疲劳，怕孩子生病，等等。其实，越是把孩子藏着，孩子越得不到锻炼，对环境的抵抗就会越弱，无法面对以后各种要求独立的挑战。其实，小孩子比我们想象得要坚强得多，大自然就是最好的老师，让孩子从小回归自然，既锻炼他们的体力，又培养他们的感悟能力，不知要比留在充斥着污染和喧嚣的城市里，待在狭窄闭塞的房间里好多少倍。

人类本来就是由原始世界中的动物进化而来，充分走近自然能释放出人最本能的潜能。不如创造一些条件，让孩子有机会能回归自然界，让他们在亲近自然中去学习和玩乐，这比你拿着图片，告诉孩子这些是什么更有效、更实际。让孩子自己去观察，学会思辨，没有比大自然更好的老师了。

小区几个大宝宝的妈妈们一直非常喜欢农家乐这类活动，说带着孩子去郊区摘蔬果，然后看看农户们家养的鸡鸭牛马和动物园里面的动物完全是不同概念，孩子们会显得非常投入，每次回来孩子都很有收获。人和动物在大自然中的和谐相处，将给孩子留下很深的印象。

在最近热播的《爸爸去哪儿》的节目里，节目组也是把明星爸爸和孩子们放到了农村、海岛、沙漠、湖畔村落等各种非现代化的环境中，让孩子们摆脱原有的都市生活，和爸爸们一起去感受每个地方的不同的风土人情，去探索和探险，挑战自己。记得在云南普者黑那集，当大家泛舟游湖，看到满天的鸟儿飞翔而过，孩子的眼中充满了对自然和美的惊叹。当孩子在活动中被要求牵小羊、抓小鱼、赶白鹅时，也发生了好多滑稽有趣的事。我觉得这些亲近自然的活动对孩子都是非常有教益的。

那些经常带着孩子出门的妈妈都向我们描述，孩子在外面陌生的环境中，会表现的特别乖，因为有太多的东西吸引他们的注意力，他们反而会比在家的时候显得安静，静静地观察，将注意力投放在那些他们从来没有看到过的东西上。

混血宝宝的妈妈朱莉就经常跟我们说，带孩子坐飞机，原来以为孩子会很吵闹，除了上下飞机可能会有一些不舒服以外，孩子除了睡觉就是观察飞机上的各种新鲜玩意。开始时，空姐做一些逃生演示的时候，他也是非常认真地看着，还会跟着拍拍肩之类的。等飞机平稳飞起来以后，他就开始研究座位前的餐板，收起来、放下去可以玩上老半天。当时，他们夫妻为了怕孩子在飞机上太无趣，准备了好些玩具，结果根本没有用到，孩子自己就玩得不亦乐乎。

那次，她是带孩子去越南的海边，那个时候他们家的宝宝还不是特别会走路，到了海边，她就把孩子放在柔软的沙滩上，孩子就会自己研究那些沙子，还会把摸到的一些奇怪的小石头给妈妈看。她说，那个时候快要黄昏了，太阳就快要顺着海平面落下去了，小孩子坐在海边，背后拖着长长的影子。那一幕，她说每次回想起来都觉得是天人合一的境界，特别让人感动。这或许就是在大自然中，人的一种虔诚而稚弱的形象吧。

随后，我自己也带着小永慢慢踏上了旅途，最早去的是郊区的农庄，我发现小永确实比平时要显得乖巧，要他忙碌的事情很多，去喂小鸟，然后又去喂鱼。农庄的自然环境与小区中的不同，小永还会去观察不同的植物，还要研究小蚂蚁搬家，蹦蹦跳跳的一天，午饭都多吃了很多，睡眠都比在家的时候要好，完全不认床，一天都过得很健康快乐。

感性上路，理性准备

带孩子上路，是一件很简单的事情，特别是母乳宝宝，完全不用考虑奶瓶、奶粉、消毒之类的问题。完全没有必要带着各种器皿，甚至消毒器，母乳宝宝只要跟着妈妈，就有流动的食物，渴了或者饿了，随时随地就可以解决孩子的口粮问题，无需消毒，无需担心食品问题。这点我深有感触。小永6个月前，我通常就是带几块尿布、一包湿纸巾，然后就带他出门了。由于国内的很多母婴室还不是很完善，针对这个情况，我戴上了哺乳巾，几乎随时随地都可以喂奶，不让别人陷入尴尬，自己也不会走光。有的时候找不到合适的地方，就去商场里面一些连锁的服装店，有很多试衣间，管理员都会非常好心地要我去他们的试衣间喂奶，只要不是繁忙时段，一般都很好商量。有时候找不到试衣间，我选择在卫生间，经常遇到很好心的清洁阿姨帮忙找椅子，然后帮我看着进出人群，还有阿姨把换衣服的工作间让给我喂奶，都给我留下了很深刻的印象。

反而是6个月以后，小永加了辅食，我带他出门就得大包小包了，要给他准备好吃的东西，我觉得倒是比纯母乳期复杂了很多。

我们提倡早点带孩子上路，去看世界，但这不仅仅是一句口号，想要做到这一点，我们还是要认真细致地帮孩子准备好随身物品。毕竟孩子还是比较脆弱的，水土不服，或者旅途劳累都会让他感到不舒服。只有周全的准备，才能把带着孩子的旅程优化到最佳状态。

太小的宝宝不太适宜远游，也不适合在旅途的时间太久，一方面因为他还没有行动能力，父母一直抱着长途跋涉也增加了父母的疲劳度。更重要的是，宝宝太小，抵抗力很弱，万一在途中得病是件很麻烦的事。

一般情况下，1岁的孩子应选旅程较近的线路，内容或者景点安排不易太过复杂和密集。带宝宝出游，不同于成人旅游，还是要针对孩子的特点，选择适合小孩子、并让他们感兴趣的地方，如动物园、沙滩等，这样宝宝才会开心。带孩子出游，最好到一个地方能住上两三天，选择环境好一点的酒店，自带游泳池或者儿童乐园的，遇到气候不佳或者孩子比较疲劳时，在酒店中也可以玩得比较开心。不宜跟团或者安排很多景点，旅行社的作息小孩子估计适应不了，景点太多，孩子不感兴趣，也容易劳累。宝宝一旦疲劳，就会增加身体不适的可能性。父母带孩子出游刚开始的旅行可以是去较近的地方，然后慢慢循序渐进地带孩子走远。我刚开始带小永出门的时候是选择近郊，然后是附近的城市，再选择坐飞机去三亚，或者做轮船之类的。

旅行本来就是很轻松的，目的是让宝宝可以亲近自然，感受更多的新鲜事物，看到他平时看不到的那些东西，得到一些成长的阅历。所以，不必带着很强的功利心去旅游，非要宝宝从中学会什么反馈什么。只要孩子能轻松快乐和家人一起享受这一切，这就是旅行很大的收获了。

小永一直都不是一个非常愿意坐车的孩子，基本上是不愿意坐安全座椅的，每次都要连哄带骗，所以每次出行，我都会选择在他上下午睡觉的时候。我会选择他白天睡觉的时候坐车去机场，然后搭乘中午的航班，基本飞机起飞没多久他就会睡午觉了，经过几次这样的尝试，我觉得这个方法还是比较可行的。

然后，我会准备几个他不太玩，或者新的玩具，之前不让他看见，带在随身的包里，等他感到烦躁的时候，拿出来给他玩，通常这种新鲜感能让他玩上好一会儿。旅途中也可以准备一些他平时比较喜欢的小零食，食物也是让人开心的方法之一。另外，家长也可以在漫长的旅途中和孩子一起玩一些简单的小游戏，分散宝宝的注意力，减少他因为旅行产生的不适感。

在旅途中，我们除了要留心孩子的身体状况之外，也一定要特别注意孩子的安全，我听说过有些妈妈带孩子出门，因为太喜欢血拼，在商场购物的时候把孩子弄丢了。所以稍微有一点行动能力的孩子，可以考虑用背带牵着或者使用防走失的报警器，这些都能达到比较好的防走失的效果。最主要还是要大人自己一定要警惕，时刻看好自己的孩子，不要因为一些个人的原因，忽略孩子的安全问题。如果是长途旅行最好是两个大人陪伴，互帮互助减轻旅途的疲劳。

如果旅行的时间比较长，家长应该为孩子准备一些儿童的应急药品，如退烧药、止泻药等，如果是夏天出门驱蚊水也是必须的。创可贴，酒精棉可以常备在身边。这些常用物品都能防患于未然，不要图省力就不带了，就怕要用的时候一下子买不到，就真的麻烦了。

飞机酒店选择小贴士

现在世界越来越小，很多妈妈选择带小孩儿出去旅行，首选就是坐飞机。根据一些网上妈妈和小区妈妈带小孩儿坐飞机的经验，再加上我带小永出门的一些体会，给带宝宝坐飞机的妈妈们几个小建议：

在旅行之前家长可以找机会给宝宝看一些飞机的图片，让宝宝对飞机产生兴趣。当天空中有飞机飞过的时候，我就会指给小永看，告诉他那个是飞机，所以我们一直对飞机非常向往，问他的时候，他还会演示给你看飞机怎么飞，发出呜呜呜的声音。所以我们第一次到了机场，小永就非常兴奋，虽然这个时候他还不会说话，但是对着登机大厅外面的飞机他会拍手尖叫，看到起飞的飞机也会激动地指给我们看。所以，如果孩子对这个交通工具感兴趣，他就不会因为害怕而内心产生排斥了。

有妈妈对飞机起飞降落是否要将孩子哄睡的问题产生过争执。其实，我觉得还是看孩子自己的情况。我第一次带小永坐飞机的时候，上飞机的时候他是清醒状态，然后起飞的时候，我给他喂奶，防止他发生耳鸣的现象，等到飞机平稳飞行后，我觉得他的状态很好。回来的时候，他一直在睡觉，等到降落的时候也在睡觉，等飞机到达地面好久他才醒过来，然后也没有出现任何不舒服的情况。所以我觉得可以根据孩子的实际情况做出判断，如果孩子不舒服，他会有表现，比如有些哭闹或者按耳朵，敲头的情况发生，这个时候，家长可以给他喂一些水，或者吃一点小零食，有母乳的妈妈可以喂母乳，这都可以达到缓解孩子不适的效果。

还有就是怕坐飞机的时候孩子哭闹。我们家小永是不太喜欢坐推车之类的孩子，每次坐车都要哄骗很久。所以外婆特地买了一个小玩具，之前都藏着，想到了飞机场如果孩子吵闹就拿出来给他玩，我也带了几本音乐书，想着稍后可以分散一下孩子的注意力，防止他因为某些原因吵闹。结果，小永一上了飞机，对飞机上的各个地方都很感兴趣，桌板，以及飞机把手上的按钮，还有一些杂志和午餐的盒子、杯子什么的，每个都能玩好久，当时我就消除了这个顾虑，玩具根本就没有机会拿出来。而且飞机上的空姐，各种乘客，还有一些小朋友也会吸引他的目光，时间很快就能打发过去。

我们是每次坐飞机都会早一点到机场，可以在换登机牌的时候跟地勤人员商量坐第一排的位置，相对空间比较大，适合小孩子活动。但是这第一排的位置可遇不可求，有一次国内航班，我们提前了将近3个小时到机场，还是没有拿到第一排的座位，所以还是要看运气。如果有经济条件的，旅途时间比较久的，可以考虑商务舱，比较适合小孩子睡觉。经济舱2岁以下的孩子是没有座位的，我看攻略说可以问空姐要一根加长的安全带，但其实很多航空公司都是没有的，所以我都是把自己的安全带拉长，让孩子坐在我的腿上，用安全带把我们两个绑在一起。

小孩子都比较容易晕车，所以坐飞机前不易吃的太饱，每次坐车时间久一点，又刚吃完早饭，我会带着小永在小区散步至少十五分钟以后再去坐车，之前有遇到过马上坐车，孩子在车上就吐了。如果孩子晕车晕机不舒服了，他们在旅途中往往会表现得非常烦躁。

带孩子出门另外一个要慎重考虑的就是酒店。我比较推荐那些有自带儿童亲子乐园，和娃娃游泳池的酒店，酒店环境相对好一点的，这样如果有什么天气问题或者孩子身体比较疲劳，在酒店他也可以玩得比较开心，大人也比较轻松。

我带小永去过三亚，住的酒店是很多妈妈都推荐的一家五星级酒店，给我留下了很好的印象，酒店的服务非常人性化，给我们带孩子出行的家长提供了很多方便。很多酒店现在都提供接机服务，这对带孩子出门的家庭来说是很便捷的，因为一旦带上孩子旅行，无形中会增加很多行李，包括婴儿车之类的东西，所以在预定酒店的时候记得和酒店预约这个服务，免得在机场下来叫出租或者坐机场大巴的时候手忙脚乱。

以下有几个酒店选择和注意事项，总结一下，提供给想带孩子出门的妈妈们：

首先，选择酒店的时候，一定要明确旅行的目的地，带孩子出门不易去很多景点，最好选择1–2个适合孩子的景点，然后就在景点附近寻找合适的酒店。如果有妈妈正想带着孩子上路，还没有决定地点，又不想去国外太远，我比较推荐三亚、厦门等城市。酒店如果有自带的儿童乐园那是一件非常好的事情，除了有玩具玩，孩子也可以遇到一些小伙伴。

很多好的酒店，都会预留宝宝床，所以在预定房间的时候可以和客房服务的人员预定好，这样你们到达酒店，拿好房卡，客房服务人员就会安排送宝宝床到房间，这样孩子可以在第一时间有休息的地方。很多酒店的空调都是常年开着的，所以一定要注意宝宝睡觉的温度，出门在外，很容易引起水土不服，一定要确保孩子能够休息的好。

孩子的饮食要和酒店沟通好，是否有适合宝宝吃的低盐食物。很多酒店都会提供儿童餐，事先和酒店沟通一下，看看提供的儿童餐是否适合自己的孩子，会不会有过敏成分。

室外活动要给孩子穿吸水性好的衣服，勤穿勤脱，注意孩子的流汗情况。感冒通常是出汗之后吹到冷风。帮孩子选一双合适的运动鞋，如果去海边准备一双凉鞋。夏天一定要带遮阳的工具，遮阳帽最好是带颈部也有防护的。带好防晒霜，孩子的皮肤比较嫩，稍微大一点的太阳都有可能让他们晒伤。无论去什么地方，带一件稍微厚一点的衣服，如果变温可以穿，睡觉还可以当被子。另外，孩子运动量大，要准备一些小零食补充能量。

对于情绪比较容易不稳定的孩子，带上孩子经常使用的东西，譬如一条小毯子或者一个小枕头，可以让孩子在睡觉的时候有安全感，不会有认床的事情发生。

带孩子出门，远比两个人出门要花费更多的经历和时间，前期要考虑得周全一点，准备东西更是要周密一点，过程可以说是累并快乐着。

每次旅途回来，翻看那些旅行中的照片，心中留下的点点滴滴，都会让我深深爱上了这种可以和孩子一起享受大自然的过程。我鼓励自己每隔一段时间都要抽空带孩子出门旅游，我要带着他一起感受祖国的大好河山，带着他去体会世界各地的风土人情。我建议妈妈们不要犹豫了，这就带着孩子上路，只要充分准备，一定可以享受完美旅途。

记得小巫曾经说过："旅游不仅丰富孩子的童年，同时也快乐了我们的成人世界。"

第六章

性格比知识更重要

心怀大爱做小事

周末我和先生一起去看望好朋友姚姚，她年底刚产下小宝宝，现在宝宝5个月大，虽然还是个不会走、不会说话的胖宝宝，孩子却总是笑眯眯的，特别惹人喜爱。

姚姚告诉我，刚刚做妈妈，还蛮辛苦的，但是这种“痛并快乐”是每个家长必经的。她现在每天最大的乐趣，就是晚上睡觉前给孩子讲故事。不仅如此，这些故事都是她精心挑选的，有黑暗面的故事不能讲，要给宝宝讲光明的故事，充满爱的故事。姚姚说，她最近就反复在给孩子讲“孔融让梨”的故事。我先生惊讶地问：“这么小的宝宝，他听得懂吗？”姚姚说：“虽然孩子现在可能还听不懂，但是多和宝宝讲话有利于孩子语言能力的发展，而且这种爱的教育是要从小开始的。”

当时我挺感触的，特别欣赏她的这种理念，虽然从语言层面上说1周岁以下的宝宝还不能够理解复杂的故事，但是爱的种子却是要早早地种在孩子的心里。

想起前几天另外一个朋友告诉我幼儿园捐款的故事。因为雅安发生地震，单位小区到处都发起了捐款，连朋友家小宝宝的幼儿园也发起了捐款，活动是希望孩子们在家长的陪同下往募捐箱中捐款，金额不限。于是，放学后每个班级前家长和孩子排起了长长的队伍。家长对此反应不一。有的家长就在队伍里抱怨说："小孩那么小，懂什么捐款啊？还不是我们大人出钱。单位里我们都出过了呀，不是小气几块钱，但这个有意思吗？形式主义！"马上有少数家长赞同了起来。

队伍中有个妈妈没有搭腔，低头对手上牵着的小女儿说：

"宝宝，妈妈把你小猪罐子里的钱捐给雅安的小朋友，好不好呢？"

"啊？我不要啊，妈妈。"小女孩马上说。

"但是，现在雅安有很多小朋友受了伤，没有了房子，连爸爸妈妈都没有了，我们要不要帮帮他们呢？"

"但是，我的小猪罐里的钱捐出去就没有了……"女孩一脸不舍的样子。

妈妈又说："没关系，小猪罐空了我们以后还可以慢慢存钱啊，但是现在这些小朋友没有饭吃，没有水喝，多可怜啊，我们是不是应该帮助他们呢？"

"好吧，老师也说我们要互相帮助的。"女儿心里肯定经过了激烈的思想斗争，才终于同意了。

"宝宝真棒，真是有爱心的小宝贝。等会儿妈妈把小硬币都给你，你自己投进小箱子，好不好？"

"好。"

朋友看到了这样的妈妈和孩子的故事，心里很是感动。多好的一次爱的教育。先不说幼儿园是否应该搞捐款活动，对孩子来说，这就是单纯的助人体验。孩子虽然没有赚钱的能力，但是孩子有爱的能力，作为家长我们应该提供一切机会在孩子的心里种上爱的种子，培养他们这种爱的能力。其实给灾区捐的钱无非就是给孩子少买一件新衣服，少买一件玩具的钱，但给孩子一次助人爱人的体验比去一百次游乐场、买一百件玩具的意义都大。

现在，很多家庭中的孩子们集万众宠爱于一身，他们都是在爱的环境下长大的，但是孩子本身呢？孩子们是否具备了去爱别人的能力？善良爱心是一个人最基本的核心品质，我们不能想象一个没有爱心的孩子长大后会对父母孝顺、会对亲朋关爱、会对社会付出。

培养孩子的爱心不一定要带着孩子去做很“大”的事情，可以从生活点滴做起。在班级，我常常和孩子们讲我在澳洲生活的小事，孩子非常感兴趣。有两件小事是我一直喜欢告诉孩子的。

第一件小事就是“谢谢你”。澳洲的公交车没有上海那么拥挤，因为是自动售票，车上一般只有司机但是乘客们不管男女老少，不管行车情况如何，每个人下车都无一例外地会对司机喊一声Thank you（谢谢你）。对给予你服务的人一份尊重和感激，这对他们而言是一种生活习惯，是一颗最朴实的感恩心。

第二件小事就是“为你开门”，就是走在你前面的人，会主动为你拉住门，等你过去后才放手。第一次在墨尔本碰到这样有人为我拉门，我以为是因为前面的人怕门弹回来撞到我，内心并不以为然。等到享受了无数次有人为我开门的“优待”后，我才意识到这并非我想的那样。这才明白这是澳大利亚人的一种行为习惯，进门都会看一下后面是否有人跟随，哪怕是离他们还有些距离，但凡后面有其他行人，前面的人都会拉住门等后面的行人进入后再关上。这不是职责，不是明文规定，而是陌生人之间单纯的善意友好。

不管是“谢谢你”还是“为你开门”，这些人与人之间的友好互动，都体现了大家内心的善意和爱。正是这些对陌生人的友好善意让社会变的更“文明”“和谐”和“温暖”，这些小小的“爱心善意”都是我希望能传递给我的学生，我的孩子的。

在“爱的教育”中，我们还可以做得就是“将物体拟人化”的爱心教育。在低年龄段的班级里，我们常常用动物手偶上课，三四岁的孩子往往还无法区别虚拟和真实。小朋友们会闹哄哄的上来和手偶们互动、打招呼，有个别孩子会比较暴力地上前去打小手偶或者用力撕扯它们。我不会去直接批评那些孩子，我会告诉他们：“你看，小熊宝宝被你打疼了，你看它低下头难过了。如果有小朋友不小心打到你，你也会疼也会难过的，对不对？所以，我们要怎么做呢？我们不能欺侮它们哦，我们一起来摸摸它，对，摸摸它的小脑袋它就不疼了。”于是，孩子们都会收敛起自己的行为，小心翼翼充满爱意地摸摸小熊手偶，嘴里还说着：“不疼啦，小熊乖。”

我发现岁数大的人都有这个习惯，就是孩子撞痛跌倒的时候会教孩子去打家具、打地板，我比较反对这种做法，这就等于告诉孩子一个推卸责任和暴力发泄的方法。如果长期这样教育，以后孩子很有可能在和别人发生小冲撞的时候做出一些过激行为。所以，我和长辈们沟通过不要让孩子养成这个习惯。有一次，小永撞到了桌子，他不停拍打桌子，我就会告诉他，小永，你疼么，他点点头。我说，但是你撞到桌子，它也疼，你就不能再打它了，好吗？似懂非懂地小永点了点头。以后，他这个情况每次发生，我就慢慢纠正孩子的行为。虽然这个方式听来有些可笑，但是这种“将物体拟人化”的教育法可以让小孩子心中从小树立“爱”的观念，不管是对人，还是对动植物、对玩具、对家具等客观事物，孩子都能心中有“大爱”。所以，年轻的父母不妨在家里试试让孩子去照顾他们的娃娃、他们的玩具，或者家里的宠物，培养孩子心中爱的幼苗。

德兰修女曾经说过：“天下没有什么大事——只有心怀大爱做小事。”我希望我们的孩子也能如此。他们可以从“谢谢你”开始，从帮助小伙伴开始，从关爱玩具和动物开始，从点滴做起，从身边做起，培养出爱的能力。有人说爱是人类最美丽的语言，我相信我们的孩子能够学会这门最美丽的语言，他们的心田也会充满阳光、温柔和大爱，这样长大的孩子才会更幸福。

不抱怨的世界，传递正能量

我曾经带过一个小小班，孩子的年龄大多在四周岁到五周岁，他们每周四傍晚七点都会来参加我的一小时课。正式上课前，常规的寒暄对话我都会问小朋友们：How are you？（你好吗？）这个年龄段的孩子在语言上能反馈给我的答案一般有如下四种：happy/fine/sad/angry，也就是“快乐”“还好”“伤心”“生气”。在大部分情况下，四五岁的孩子都会表现出积极快乐的模样，我一问“How are you？”，他们都会满脸洋溢着快乐和兴奋地回答我“I’m happy”（我很高兴）。然而，我发现班中有一个名叫Jane的小女孩每次在回答这个问题的时候很少回答“我很高兴”，她总是选择比较中性甚至负面的回答（fine或者sad），然后在整个课堂活动中她也会无意识地延续这种不积极被动的情绪，明明大家都在课堂游戏中玩得好好的，她却要表现得无精打采。正是Jane的闷闷不乐，让其他同学都不愿意主动和她同组做游戏，小朋友们虽然都只有四五岁，但是已经本能地察觉出谁是party里的wet blanket（表示一个派对中的扫兴者）。

在课堂教学中，我细心观察Jane，她其实是个长相可人、学习能力很强的小姑娘，个性上稍微有些好强，对待其他同学非常礼貌友好。但是，从细节上可以看出性格比较敏感，容易受到周遭事物的影响。有一次，当Jane又怏怏不乐地回答我“I am sad”（我不开心）的时候，我问了她：“为什么呢？”Jane告诉我说：“我和妈妈来学校的路上出租车被别人抢了，妈妈很生气，所以我不开心。”这下我明白了，在继续的询问中，我知道了从Jane的家到我们学校路途比较遥远，适逢下班高峰时段，交通又很繁忙。她和家人一般早早吃完晚饭，然后打车来学校。但是，那一天他们好不容易打到的出租车给别的下班族抢走了，Jane的妈妈一路都在抱怨，在愤愤不平。之前几次也在因为路上或者家里碰到不开心的事，所以孩子的情绪受到了影响。

从中可以看出，其实只是生活中一件很小的事，但是母亲把负面情绪传给了四岁的女儿，女儿把这种负面情绪带入了教室，甚至可能带入了她的个性。这从之前很多次Jane反馈出来的心情可以看出，起因可能都只是生活中的小小不愉快，敏感的孩子却放在了心上。很多家长不了解，当他们和孩子在一起时，他们不仅没有去创造快乐的“黄金时段”，而是把他们生活中的压力和对琐碎事物的不满直接不加掩饰地传达给了孩子，有一部分孩子性格单纯简单，很快就会忘记不快并投入到下一件有趣的事情中。但是也有很大一部分低年龄段的内心敏感的孩子，他们接受到了来自于爸爸妈妈负面的情绪和负面的信息，哪怕这份情绪并非是针对他们的，也使他们受到了很大影响。敏感的幼童没有能力判断出成人短暂的言语上的“抱怨”“诉苦”是一种情感的发泄，并非真实的内心的痛苦或者生活中切实的苦难。他们接受并接收了这种不良情绪，把爸爸妈妈的负面情绪转化为自己的负面情绪，并且渐渐形成了他们不乐观的性格和行为模式。

其实不仅仅是低龄儿童如此，青少年也是如此。在我教的青少年学生中，常常出现这样的现象，如果家长是喜欢抱怨挑剔，对事物倾向于持负面态度的个性，他们的孩子往往可能有下面两种类型：一种是敏感内向型，性格温和胆怯，他们本身虽不抱怨，但作为经常被抱怨的对象，孩子们对自己深深地不自信，内心没有安全感，对外在未知的世界感到恐惧，总是觉得自己不行，无法跳出自己的comfort zone（安全区）去挑战自己；另外一种青少年则会继承父母挑剔抱怨的言行，并体现在他们自己的生活中，这样的青少年表面上按部就班，但是很少对事物产生真正的激情。他们过早接受到了成人对世界的不满，内心成为了小小的愤世嫉俗者，觉得学习也很没意义，教育和学校都有缺陷，什么事情都很无聊。他们在还没有学会真正客观综合地看待世界之前，已经在内心埋下了对事物不满的基调，对世界抱怨的种子，而这不利于他们的成长。

不管是上面哪一类孩子，他们缺少的都是积极乐观的态度。这不仅仅是一种生活态度或者学习态度，或者是本身性格的发展，这更关乎到他们是否内心有爱并感到幸福。想想我们自己，每当我们看到微博满屏的负面新闻、看到新闻联播国内国外的局势动荡，我们也会感到生活的无情和丑陋，也会出现对真善美信念的怀疑，也会产生很多虚妄的生活态度。作为成人的我们尚且如此，何况是还在学习、还在成长、还在观察世界的孩子们呢。当他们从儿童时就不断接受家长的负面情绪，对世界社会的消极看法，孩子怎么能够培养出积极乐观的态度和幸福感呢?

普林斯顿大学曾经推出过一系列名为Inner Core（内核）的公开课，节目以访谈的形式，每期都会邀请不同的嘉宾讨论人性、信仰、宗教、教育等形形色色的问题。其中，有一集的嘉宾是副院长Janet Dickerson女士，她被问及一个问题：我们如何才能做到让孩子们掌握处理人生中问题的能力，如何能让他们寻得一生有益的生活真谛呢?Janet女士是这么回答的：这其实是有很多很多的答案的，涉及到的都是很小很琐碎的点滴。但是有一点很重要，当孩子们在思考如何生活时，他们首先是先观察我们是如何生活的。成年人是孩子的榜样。如果我们总是惶惶不可终日、总是对社会哀哀戚戚，对所做的、所看到的充满抱怨，也从不热爱自己的工作，我们算是什么好模范呢?孩子看到我们这样，他们又将如何对未来的生活寄托热情和希望呢?

对这样的答案深以为然。大家都知道成人世界对孩子有着巨大的影响，所以爸爸妈妈时时需要提醒自己，家长是孩子最亲近也是接触时间最长的榜样。这其中对孩子的影响不仅是巨大的，而且这种影响对孩子性格的塑造甚至是根生蒂固不可逆的。三字经中说过“人之初，性本善，性相近，习相远”。孩子天生个性如何的说法并不可靠，人类的行为模式和个性习惯都是外界环境影响和人为影响的日积月累。比如，文中一开始提到的女孩Jane，由身边的小挫折引起的妈妈负面的情绪，在孩子面前表现出的抱怨和愤怒。虽然妈妈的行为看起来也是小事，但是孩子看在眼里、记在心里、也表现在她的行为里了。她的粘稠质的性格并非天生的郁郁寡欢，而是根据成人在面对挫折和困难时表现出来的情绪和行为逐渐模仿形成的。所以，爸爸妈妈在言行举止上一定要做个好榜样。在外界环境中，我们需要给孩子创造一个充满阳光、充满爱的温馨的环境；在精神世界上，我们更要保持乐观积极的心态，言传身教给孩子做个好榜样。爸爸妈妈是怎样的人，孩子的世界就是怎样的世界。如果爸爸妈妈是浮躁不安，充满烦恼、充满对外界的不满情绪，那么孩子的世界也会是充满焦躁不安的气息，这样在成长的路上他们的内心不会充满爱和安全感？只有爸爸妈妈的世界是温暖开朗的，待人处世是积极向上的，孩子的内心才能是一片祥和友爱，性格才能坚强，像小树一样茁壮成长。

这里需要指出一点，我们所提倡的“不抱怨”并非是“不问是非”和“懦弱软弱”。威尔·鲍温先生曾经在《不抱怨的世界》一书中就表达过这样的观点。“不抱怨”是不提倡把时间和精力浪费在无意义的抱怨上，不让自己长时间陷于这种负面情绪。与其抱怨，不如去改变现状。用行动改善世界，而非打口仗。在儿童的教育上，我们也要强调这点，我们鼓励孩子有“判断性思维”；我们提倡教育孩子明辨是非，但是这种教育不应该是建立在成人的骂骂咧咧或者哭哭啼啼中。而是在一种稳定的情绪中，以理智的方式告诉孩子世界上有错的事，有对的事，有美的事，也有丑的事。但是重要的是要用行为传达给孩子这样的信息，不管爸爸妈妈碰到了怎么样的事，我们依然可以坚强面对，可以理智处理，也可以做到不让别人的错误来影响自己对的行为和好的心情。这种豁达乐观的心情难道不是我们希望孩子去学习和继承的嘛。就像Jane的妈妈完全可以告诉孩子："宝宝，你看刚刚的阿姨插队抢了我们的出租车，这是不对的，所以我们不能学习她哦！但是妈妈想，或许阿姨有急事吧，所以没有关系，我们可以等下一辆。你要不要给妈妈唱首学校里学的好听的英语儿歌，你唱好了，出租车可能就到了哦！"我想如果遇事家长都能做到这样的话，Jane的世界会变得明亮幸福，她的个性也会变得开朗活泼。

长幼相处

"双独"家庭开放了二胎的政策，现在"单独"家庭开放二胎也列入了议事日程，独生子女的现状终于要改变了，许多有经济能力的家庭已经把生第二个宝宝列入了家庭计划中。很多爸爸妈妈考虑，独生子女太可怜，多一个孩子家里会热闹一点，孩子之间也可以互相陪伴，独生的孩子往往万般宠爱集于一身，容易被宠坏，家里有两个孩子感情就会分散一点，孩子的个性也会更好一些。

但是，当一个家庭真正有了两个孩子，要处理好两个孩子之间的问题，也是一门爸爸妈妈需要学习的课题。不能说你想要两个孩子，等两个孩子都到来了，遇到了问题，你再去学习如何处理孩子之间的问题，那就太迟了。两个孩子都是独立的个体，要尊重他们不同的性格脾气，如果处理不好，反而会产生一些不良后果，那为了塑造孩子更好的个性品德要两个孩子的初衷就被破坏了。所以任何一个要二胎的家庭，我觉得一定要慎重考虑好这个问题。

有个和我住在一栋楼里的妈妈生了第二胎，是个女孩，头胎是个男孩，已经4岁了。有一次，外婆带着小女孩出来晒太阳，说起二胎的问题，说他们家有保护老大的情绪。每次家里有人来探望，都会和访客说清楚，在要逗小姑娘前，必须先和老大打招呼，进行互动，再关心老二。并且督促家里和周围的人，不要说一些刺激老大的话，如妈妈喜欢你妹妹，不喜欢你了。如果家长需要把关注给妹妹，也会经常和哥哥沟通，安抚好哥哥的情绪。让他了解，妈妈现在可能没空照顾你，因为要照顾妹妹，如果妹妹没有妈妈喂奶，妹妹就会饿肚子，妹妹就会生病。你是哥哥，已经有能力照顾好自己，所以妈妈很放心你，如果你可以照顾好自己，妈妈会特别开心，当然如果你有更多能力和我一起照顾妹妹，妈妈就能轻松一点。所以他们家的老大一直都对妹妹特别好，每次回家都会先洗手，然后陪妹妹玩一会儿。我听到这样的故事会特别欣慰，因为这样的妈妈，有这样观念才会使得家庭中的孩子享受到和谐的生存环境。老大会有责任心，不会因为自己有了小弟弟或者小妹妹觉得自己地位不保，心态失衡而做一些夸张的举动来引起父母的关注，导致性格扭曲。弟弟妹妹也会尊敬兄长、爱戴兄长。

一个孩子作为哥哥或者姐姐，当他看到比自己小的生命正在成长，如果有了争宠或者敌对的情绪，那一定是家里没有处理好细节，他对于这个新的生命应该是产生理解和尊重，守护这个新生命的成长，才是最高的道德。

我们楼上这家就做得比较好。古人云：长幼有序，我觉得是很有必要的。只有保护好哥哥或者姐姐的情绪，不能让妒忌心阻碍了他接受弟弟妹妹，照顾弟弟妹妹的情绪，这样才是一个家庭应该有的秩序。在保护好大孩子的情绪之后，父母一定要对两个孩子公平对待，这主要有两点一定要避免，就是“袒护弱者”和“重男轻女”。

同情弱者是人的天性，习惯中父母非常容易“包庇”幼子，很自然地找到“他还小”，“你是哥哥、姐姐”之类的借口，这些话语很容易让长子觉得父母偏心，甚至会迁怒弟妹。家庭中的“老幺”也容易因此恃宠而骄，变的性格骄纵霸道。所以父母一定要非常注意，不要因为“袒护幼子”而造成一系列的问题。无论是长子还是幼子，若是一方犯错，父母都应该批评或惩罚，方式可以不同，但是要表明公正的立场。

比如，两个孩子争抢玩具，父母不能总是要求长子一定要让给幼子，而是要问明情况，判断一下当时的情况，如果是长子正在玩的玩具，那就要告诉幼子，如果哥哥或者姐姐的玩具不同意和你一起玩，你就要遵守先来后到大家轮流玩的原则，等哥哥姐姐玩过了再给你。同时也可以告诉长子，要学会分享，玩一会儿可以给弟弟妹妹玩，一起玩最好，才会更有趣。

如果幼子比较小，道理能说通最好，不能说通，就采取转移法，鼓励幼子去玩一些其他东西，让两个孩子暂时分开，不要在一件物体上纠缠不清。

说到“重男轻女”，主要是针对中国的传统意识。在国外一般没有歧视女孩的现象，很多国外的爸爸还特别钟爱女儿，比如英国著名的球星贝克汉姆，每次出门遇到街拍，都是把小女儿小七抱在手上，一脸父爱洋溢，惹得很多网友惊呼，一个叱咤球坛的男神竟然对女儿毫无招架能力。现在“重男轻女”的观念在很多沿海城市中已经越来越少，在比较偏远的内地和老一辈心中还有一点介怀。现在都说儿子是面子，女儿是里子，越来越多的家庭都表示更愿意要一个贴心的女孩，所以我觉得如果还有这个观点的家庭应该要调整一下自己的老观点了，更不要为了重男轻女去生二胎，对姐姐只会是一种伤害，对两个孩子将来的人格发展也会有害。

两个孩子的相处，尤其是童年时期，难免争吵。吵架并不可怕，重要的是，要让两个孩子都体会到，他们在父母眼中是平等的，父母对他们的爱是一样的。爱不是分蛋糕，不是给谁多一点，就给谁少一点。就像孩子对爸爸妈妈的爱是不分谁多谁少的一样，父母对长子和幼子的爱也应该是如此。

我看到过一个反面事例，是在一张报纸上看到一个所谓的时尚辣妈写的专栏。她是双胞胎宝宝的妈妈，她说他们家最大的乐趣就是用拥抱大女儿的方式来刺激小女儿的妒忌心，还提到女儿会咬奶奶，发现原来女儿也有倔强的一面。我看了这篇报道，真的悲从中来，这样误人子弟的专栏能都写出来，实在不知道会误导多少年轻的母亲。看着这篇洋溢着骄傲的文章，洋洋洒洒都在透露自己多么育儿有道，我无法理解这样的育儿辣妈，也很为这两个孩子担心，将来这两个孩子的内心发展将是怎样的一副画面。

孩子都是唯一的，是与众不同的，即便是同一父母所生的两个孩子，他们也有不同的性格，不同的容貌，不同的兴趣爱好，等等。作为父母要接受他们之间的区别，尊重他们的不同之处，区别对待，因材施教。即便是孪生，一个孩子身上行得通的办法，未必适合另一个，每一个孩子成长的方式、路线都是不一样的，他们不是流水线上的生产物，他们有自己的性格和意愿，让他们按照自己的方式去成长，是父母对他们最好的帮助。

家里有两个孩子也不要随意把他们放在一起比较，当然这种比较往往是无法避免的，所以这个话题只适合家长之间私密的谈话，不要在孩子面前赤裸裸地交流，不光会伤害到那个比较弱势的孩子，更会伤害孩子们之间的感情，引起他们彼此之间勾心斗角的嫉妒和竞争。

特别是孩子上学以后，更不要一味地将两个孩子的成绩进行对比，对弱势的孩子的心理发展是很大的负面影响，他会觉得自己不够好，所以影响了爸爸妈妈对他的爱，然后对另一个孩子产生敌意，认为他抢走了爸爸妈妈的爱。这样的一种心理暗示是隐藏在孩子心中的一根刺，产生蝴蝶效应之后，就会波及一个家庭的和谐。

作为父母对待孩子的情绪应该更加积极乐观，根据孩子身上不同的发展特点，对孩子好的方面进行鼓励，可以搞个小小的家庭会议，鼓励孩子互相学习。让他们自己说说自己身上的优缺点，这样让骄傲的孩子看到别人身上有他学习的地方，让自卑的孩子知道自己身上也有很多闪光点，让两个孩子一直在平衡的情感中成长。最重要的是，要让他们感觉到无论他们是否出色，父母都爱他们，接受他们，不会对他们有所偏袒。这样的孩子长大后内心才有安全感，人格也会比较完善，对于兄弟姐妹的相处也会更加友好，我们的家庭也会更加和谐。良好的兄弟姐妹间的相处，对于孩子成长后的社交能力和人际交往也有积极正面的影响作用。

有一次在小区听到一位奶奶对她2岁的小孙子说："你怎么这么调皮扔东西，奶奶不喜欢你了，奶奶喜欢哥哥。"随口一句话，却会在小孩子的心中留下阴影，认为奶奶不喜欢我，奶奶只喜欢哥哥。或者是我一定要通过什么方式来取悦奶奶，奶奶才会喜欢我。很多长辈都说，小的那个是人精，其实不无道理，如果老大是乖巧懂事的孩子，老二怎么能不学会察颜阅色来取悦大人，这都是生存之道，所以不要让小孩子这么早就学会这种心机，对孩子来说也是可怜的。

其实，大人的本意并非要让小孩子有这种想法，可能只是一句玩笑话。殊不知，孩子的感受会因为你这样一句无心之语变得完全不同。其实，完全可以用另一种更好的说法来教育孩子。比如奶奶可以说："奶奶不喜欢你扔东西。"或者说"奶奶很喜欢你，但你扔东西的时候，奶奶就不喜欢了。"这样处理起来或许就能最大程度保护好孩子的心灵，这点也是很多父母和长辈应该注意的地方。

家里有两个孩子，特别是两个男孩，就不可避免会有一些打闹的情况发生，很多妈妈都头疼应该怎么处理这个问题。我在微博上关注过一个妈妈，她生了两个男宝宝，大的5岁，小的1岁半。哥哥性格温和乖巧，弟弟嚣张跋扈。弟弟经常会去招惹哥哥，惹得好脾气的哥哥要追着打他，在家里闹得不可开交。有一次弟弟更加过分，把哥哥的耳朵咬破了，哥哥大怒就要打他。这位妈妈在微博上发了如何处理的帖子，看了觉得很实用。她说；"两个孩子的家庭，不能总是阻止老大的反抗，这样小的反而会肆无忌惮、无法无天，但也不能纵容老大一直用武力去解决这件事情，否则会使得事情更加复杂。所以我教育哥哥，如果弟弟犯错，你要教育他，甚至大声责骂他，这比打回去更好。”于是，这位妈妈当着哥哥的面斥责了弟弟，再让哥哥跟着学了一次，哥哥第一次正面使用了自己的兄长权利，顿时消气了，弟弟只好灰溜溜地走了。

隔了几天，弟弟又要挑衅哥哥，这位妈妈看到了，赶快对哥哥说，你是哥哥，你快教育弟弟。哥哥指着弟弟大声说：“你别咬人，你不可以咬人。”气势强硬，弟弟愣住了，然后收敛了自己的行为，灰溜溜地走开了。后来，还拿来了零食想和哥哥玩。妈妈问哥哥，你说是打他有用还是教育他有用。哥哥笑着说，教育有用。

很多妈妈都遇到过这个问题，孩子在外面被人欺负怎么办。我曾经带小永出门，遇到过一个蛮不讲理的小孩用铁皮小汽车砸了小永的头，当时我们正在旁边桌子吃饭，小永和他也没有任何交流。当时，小永只有11个月，还太小，只会用大哭表示不满。后来，回家的时候也和几个妈妈讨论过这个问题，孩子大一点后要如何处理这样的情况。有的妈妈认为，教育孩子别人不打我，我不打别人，别人打我，我必定还手。因为不反抗，就会一直受欺负，现在的孩子都是爸妈的心头肉，哪个愿意看到自己的孩子受伤害。这种情感是能理解的，但是如果真的拳头相向的话，会激化矛盾，事情可能会变得更加复杂。所以，爸爸妈妈不妨试试，当面对别的孩子不恰当的行为，让孩子大声抗议，赢在气势上。一句理直气壮的话：你怎么可以打人！比拳头打回去更有威慑力。而且在情绪激烈的情况下，学会冷静用言语反抗是对孩子自控能力和自信心的锻炼，这样的孩子往往比好斗的孩子具有更为健全的人格。

逆商让孩子勇往直前

我有个朋友的女儿叫Helen，在我的班级中学习英语。Helen刚来我们学校的时候是6周岁，刚从幼儿园升入小学。小女孩的个性非常开朗外向，思维活跃，有很强的表现力和优秀的模仿能力。这些特征在以口语为侧重的外语教学中占有很大的优势，所以在第一个学期中，不管是在中教课程还是外教课程，Helen都表现得异常出色，给我和外教老师留下了深刻的印象。

但是第二学期开始，随着学生能力的增长和学习进程的推进，我们的教学不再仅仅局限于"听"和"说"，还涉及到了"读"和"写"。Helen则面临了她英语学习中前所未有的挫折。在之前的学习中，我们侧重日常的口语对话和简单句型，并不要求孩子能够阅读复杂句型和拼写单词。但是这学期，学生们的年龄普遍已处于小学低年级，随着他们在抽象思维上、智力上的发展，学习习惯和能力的提高，以及手腕精细肌肉的发展，这些都足以让他们去面对更高阶段的英语学习，这就包括了简单单词拼写和句型的重组。

这是学习英语的一个坎，孩子们都会遇到阻碍，这是个普遍现象，也在我们的预期中。在教学过程，我和外教观察每个孩子的表现，以及他们在面对新的教学难度时所呈现出来的心理状态，Helen明显在新的学习中有些无所适从，她依然保持开朗的状态参与课堂的游戏，但是一旦我们从口语游戏中转到书写环节时，她则会从之前的兴致勃勃变成了不情不愿，虽然练习本中有大量以画画和涂鸦为辅助的板块，尽可能让孩子保持新鲜愉快的心情来练习写字，Helen却依然兴致低落，动作上也慢很多。往往其他同学都已经快完成了，她才磨磨蹭蹭地刚从书包里掏出铅笔盒，拿出笔准备动手。

我发现一开始这种差距是无意识的，造成她动作慢的原因有很多，她的优势在于良好的语言表达能力和模仿能力，操作性强的活动和游戏并非她的强项。她体能上的欠缺和手腕肌肉上的发育还有待进一步加强，以便支持写字这一活动，并且她发散型的思维从另外一方面讲也容易造成她注意力不集中，而恰恰描写和拼写练习在低龄儿童学习层面上都是要求注意力相对集中的活动。各种原因造成了Helen在学习上处于一个下风的位置，而更重要的是，她的自信心遭受到了前所未有的打击。

之前在幼儿园、在语言学校、在家里，她的能力都是得到老师和家长肯定的，但是现在在书写、拼写上的不擅长让她一下子感觉到了自己能力的局限性，在和其他同学的相比中，她失去了优势看到了差距，这份强烈的挫折感使她主观意识上产生了抗拒心理。在以后类似的练习中，她会有意识的放慢动作，以此掩饰自己能力不足。面对挫折和逆境，孩子幼小的心灵选择了逃避的方法，而这样信心不足、逃避练习又形成了恶性循环，使小Helen在书写方面落后于其他同学更多。

Helen的父母非常担心这种现状，他们希望我能帮孩子提高书写能力和拼写能力。为此，我和他们做了一次深谈，我向他们解释了孩子的这种心理。Helen智力上并不缺乏学习的能力，她缺乏的是克服困难面对挫折的心理。单词背得好坏，其实作为教育者而言，这并不是我关注的全部焦点，更重要的是孩子在学习成长过程中，她心智的发展和自我的完善。知识储备在人生的任何一个阶段都是可以弥补的，一个孩子是二年级时掌握300个单词，还是四年级才掌握300个单词，对其人生而言不会造成巨大的差距。但是性格的塑造，品格的养成，则是宜早不宜迟的。拼写单词只是人生路上一块很小的绊脚石，人生还有更多的大风大浪在等着我们的孩子们呢。我建议Helen的父母先不要把注意力全放在她的拼写上，让他们能更多的在日常生活中培养Helen坚强的个性和抗打击的能力。我建议平时有意识地给她创造挑战自己的机会，特别是她不擅长的领域。不仅仅是学习，还可以是生活中方方面面的事情。比如和爸爸打气球比赛，锻炼一下手腕肌肉和体力；比如帮妈妈做一些她可能需要付出努力才能做到的家务等。给她创造一些小小难题、小小沟渠，然后陪着她一起跳过去，就像最初我们带着襁褓中的宝宝跌跌撞撞学走路一样。面对挫折困难的锻炼，其实我们从婴儿期就有，不是吗？如果孩子没有完成爸爸妈妈给予的小任务，也没有关系，不要打击她的信心，需要的是在她不擅长的领域鼓励她每一小步的成长。家长要关注的不是孩子是否达到外在的要求，是否比别的孩子强，而是要关注孩子的内心，培养孩子理解困难、面对困难、解决困难的能力，提高孩子们的“逆商”。

对，就是“逆商”，可能有家长要问，我们听说过“情商”“智商”，“逆商”又是什么呢？

何谓逆商呢？我们战胜苦难挫折的能力就称为“逆商”（AQ）。这是个全新的概念，来自于英文Adversity Quotien，全称逆境商数。它是指人们面对逆境时的反应方式，即面对挫折、摆脱困境和超越困难的能力。IQ、EQ、AQ并称3Q，被认为是人们获取成功的基础。有的专家甚至断言，100%的成功=20%的IQ+80%的EQ和AQ。从中可见逆商培养的重要性。

随着经济的发展，教育的改革，我们现在的孩子并不存在普遍的智商问题，情商也趋于提高。但是，逆商却因为生活的安定和物质的富裕而成为当今孩子普遍的软肋。他们不像我们的父辈祖辈，经历过时代的动荡、生活的苦难。现在的孩子，从幼儿起就衣食无忧，养尊处优，不仅是物质上不需要付出些许努力就能得到满足，精神上也大多保持了幸福快乐的无压力状态，进入学龄后，唯一的压力也是来自于学业。孩子们从幼儿期到毕业，作为温室的小花被保护妥当，逆商得不到锻炼，不具备迎接未来暴风骤雨的能力。正是这样优越的生活导致了孩子没有机会接触到更多层面的苦难，学业的压力被无限放大，在看似一面倒埋怨学校教育给孩子们太大压力的舆论下，其实埋伏着孩子心理极度脆弱无法承受任何不满和困难的隐患。

现在的家长对孩子过于细心全面的呵护，而缺乏对心理承受力的培养，也让孩子心理素质差，经不起打击，在处理困难时显得无能。在一次针对青少年儿童的心理调查中，当孩子们被问到“遇到困难怎么办”时，将近97%的孩子选择找家长或者老师，而不是自己想办法，从中可见一斑。

难怪，在这种心理下长大的大学生被人们归纳为：学业压力大；

综合素质高；抗挫能力差；调控能力差；面对社会无所适从，对未来和人生都充满了不确定感和空虚感。在台湾，甚至有一个专有名词专门是用来形容那些没经历过风雨、对困难没有承受力、没有抗挫折能力的孩子："草莓族"——他们外表看来很光鲜，有一串的成绩和证书，受过现代教育，但是内在质地绵软，经不起打击和挫折，小小的压力就会把他们挤垮压扁。

家长不要觉得提高孩子面对困难、抗挫折打击能力是可有可无的。现代社会孩子的逆商差，心理承受力差已经产生了很大的危害。有一份中国自杀报告，里面就提到了2007年5月中旬短短十多天内，北京相继有5名学生因为种种原因跳楼自杀，而哈尔滨，仅这一个月就有39人自杀，约三分之一为高校学生。近年来，以国内媒体公开报道的案例为据，统计显示我国大学生自杀案例不停攀升：从2002年的27起到2006年的130起，令人担忧。这些数据绝非危言耸听，我同事就真实提到他们邻居家的孩子才刚读初中就因为极其小的事跳楼身亡了。当代孩子的心理极其脆弱，他们的心理健康和逆商的提高其实已经到了刻不容缓的地步。

作为家长和老师，让我们在孩子的成长初期就学会给他们适当地创造困境，让他们适应人生路上的挫折，引导他们在困难中寻找解决问题的方法。当孩子遇到压力时，家长也要进行疏导，提高孩子的心理承受能力，培养孩子坚强勇敢的意志。只有这样，我们的孩子才不会成为未来的"草莓族"，才不会在困难中被轻易压垮。

第七章

玩得好才会学得好

荒岛求生游戏

我曾经有一年的暑假，给孩子们做过一系列的暑假活动课程。这虽然是以英语为教学的，但是其中的活动项目却是充满了创意和乐趣，也让我对教育儿童的方式思考良多。记得其中最令我印象深刻的一个活动课程是“荒岛求生”。

在这里家长可不要误会，我们并非是把孩子带到某个危险的小岛上让他们自力更生。“荒岛求生”是一个综合孩子想象力和创造力的模拟鲁滨逊漂流记的课程活动。首先，我会先在白板上画出海洋和岛屿，让孩子掌握一些背景基本词汇，如“岛屿”“海”“树”等；然后，孩子们会观看《荒岛求生》电影中的一个小片段，是男主角的飞机在暴风雨中出现故障，他跌落海中，好不容易游到了岸边，最后落在了一个荒岛上的情节。这时候，我会让孩子们先“脑力风暴”，如果这时候是小朋友们在这个岛上，我们需要什么才能生存下去。学生们是小学三四年级的孩子，他们纷纷给出了自己的答案。

“需要钱，有钱就不怕了，能买东西。”

“需要手机，我打电话让爸爸妈妈救我。”

“需要电脑，要上网求救。”

我惊讶地发现孩子的思维都被禁锢在了我们小小的现代社会，无法跳脱去思考在一个没有高科技的自然世界中，我们该如何依靠自己生存下去。

“可是，我们在一个小孤岛上，岛上没有电脑，没有商店，手机也没有信号啊！这可怎么办呢？”我努力将环境的局限性解释给孩子们听。

在纠结了许久，手机不能用，电脑没有后，终于有孩子给出了靠谱的答案：“我们需要食物和水。”

“对了，我们需要食物和水，可是我们要到哪里寻找水和食物呢？”

孩子们一个个都皱着小眉头，大家都没有了主意。

我继续给孩子们提示：“想想看，我们在岛上，岛上有什么？周围有什么？”

这时候，孩子纷纷开动起了小脑筋，给出了各种答案。

“有水果。”

“有鱼。”

“植物。”

“对了，我们可以吃鱼、吃水果，但是我们要怎么捕鱼呢？”

孩子们又集体犯起愁来。

“没有工具，对不对？但是我们可以自己动手做。”这时候，我拿出了积木、棉线、剪刀、彩色橡皮泥、硬板盒子、丝带，各种颜色的软纸和硬板纸、胶带、订书机等各种工具和学习用品，我告诉孩子们说：“就像在电影中一样，我们从飞机失事的残骸里找到了各种各样的工具，大家可以用这些工具做一个鱼竿，甚至做各种各样有用的东西。”

然后，我将小朋友分成不同的小组，分发给他们各式各样的小工具，他们的任务就是在2个小时里做出任何他们觉得在荒岛上有用的东西。不仅可以是真实有用的工具，也可以是假的事物。

一开始，学生们面对一堆工具和道具都显得有些笨手笨脚，不知如何开始，我观察到小朋友们竟然“不会玩”这些我们小时候最喜欢的小玩具。记得我们小时候是非常喜欢橡皮泥和折纸的，小小几盒彩色橡皮泥在我们手上就会变出各种各样的东西；哪怕是简单的白纸，都可以变化出无穷的折纸作品，比如折一个小桌子、小椅子、折一台照相机等。在物资贫乏的年代，孩子们可以用想象力把简单的事物玩出各种花样，而现在的孩子们虽然会打iPad游戏，操作手机、上网、用高科技的设备，但是与以前的儿童相比，他们变得“不会玩”了，他们缺乏运用基本物品的动手能力。简单玩具的操作其实更需要丰富的想象力和开拓性，孩子们虽然接受讯息的途径变多了，知识面变宽了，但是他们内在的思考能力和创造性并没有相应地变强，反而更可能因为物质的应有尽有、内心的满足而导致了创造性的缺失。

我和助教分别帮助不同的小组，我们教孩子们用硬板纸、棉线和环形针做长长的鱼竿，我们教他们用纸盒胶带拼搭出小房子。孩子们一开始还笨手笨脚地搭着纸盒房子，随着小房子的成型，孩子们渐渐开始对做东西有了信心。他们的创造能力在这个过程中慢慢被激发出来，孩子们开始发挥自己的想象力，自由地用纸盒、橡皮泥做出了多种多样的“荒岛生活用品”，有折纸帆船，有烧饭锅子、铲子，有小桌子、小房子，还有橡皮泥做的各种水果和小动物。不仅如此，在小组中，他们还互相配合合作，擅长画画的孩子负责给小房子、小帆船等作品上色；手巧的孩子则负责做出各种东西；还有的孩子为自己的小组传递工具、道具，专门打下手。他们热火朝天地演绎起了小小鲁滨逊，为自己的小岛生活做出形形色色的生活物品和建筑。我和助教也不断穿梭在各个小组之间，偶尔给他们提些建议或者在孩子们需要帮助的时候给予帮助，并且我会把孩子在游戏过程中接触到的英语单词写在黑板上，加深孩子在语言上的印象，例如“小船boat”、“房子house”等。毕竟这是以英语教学为载体的一堂活动课。

短短的两个小时一眨眼就过去了，孩子们交出了满满一教室的作品。大到小纸盒房，小到碗里的橡皮泥苹果，从建筑、生活用品、捕食工具到饮食，应有尽有。虽然孩子们有的已经累得满头大汗，但他们一个个脸上都露出了自豪的神情，一个个俨然是小发明家和小创造家。作为老师我也为他们感到骄傲。活动课的最后三十分钟则是展示和介绍环节，孩子们需要用英语简单介绍自己小组设计制作的成品，并解释功能。这不仅仅是个语言学习强化的环节，也是为了让孩子们在展示自己作品的过程中得到成就感和快乐感。

从这样一个创意十足的活动课程中，我看到了现在孩子的局限性，也看到了他们的突破；看到了他们的弱项，也看到了优势。我建议不仅是教师，还有家长应该多和孩子在家里玩一玩类似于这种对孩子的创造性和想象力有要求的模拟游戏，游戏不一定要是“荒岛求生”，可以是各种各样的。我还曾经带领孩子们玩过“儿童餐厅”游戏，要求10岁左右的儿童自行管理一家虚拟餐厅，他们需要给餐厅取有创意的名字、设计餐厅的格局、宣传海报、招牌菜式等。其中，有些孩子给出了不少超棒的创意，开起了各种创意主题餐厅，像海盗餐厅、植物大战僵尸餐厅等。这不仅仅是模拟游戏，也是我们称之为“Task-based Methodology”（任务教学法）的一种现代教育方法。在这个过程中，家长或者老师需要做的就是给予孩子支持，在他们遇到瓶颈的时候给他们一些启示、一些点子；不管孩子的创意是好是坏，放手让他们去尝试，并且提供给孩子各种工具，如彩色蜡笔、剪刀、胶水、各种纸张等。在这些模拟游戏中，你可能一开始会看到孩子的局限和能力上的缺陷，但最终会看到孩子们被激发后潜在的无穷创意和想象力。

学习是一件快乐的事

中午休息的时候在学校看到一个妈妈，带着七岁左右的女儿。大概是刚刚报名参加了某个班级，所以母亲手上拿着学校新发的小书包，女孩手里捧着一本低级别的英语书，她正饶有兴趣地翻阅着。妈妈对女儿说：“好了，现在给你报好名了，你接下来要开始‘收骨头’（上海方言：表示要没有好日子过了）了，要开始读书了。”刚刚还笑容满面的女儿顿时脸上少了些许笑容。然后，孩子的妈妈继续对女儿说：“这个英语很难的，你接下来要吃苦了，以后不能玩了……”就这样，母亲对孩子说了十多分钟的“读书苦经”，然后带着女儿离开了我们的学校。可以看出，在离开学校时，孩子对手上色彩斑斓的新书已经没有那么感兴趣了，脸上隐隐带着几分担忧。

可能很多家长会这样，根深蒂固的“读书难”“读书苦”观念，希望能给即将面对学习的孩子打一下预防针。可是，我总是会忍不住想：为什么要在孩子还没有接触到一个知识之前，我们就要灌输孩子“学习是一件痛苦的事情”呢？难道它不可以是一件快乐的事吗？如果孩子在学习前都有一种要上战场拼杀的心理暗示，他们怎么去享受学习的过程呢？如果学龄前孩子都带着兢兢战战的心情进入小学，他们怎么才能面对未来十多年的学习并快乐成长呢？当我们不断在强调“学习压力大”的同时，除了客观情况，作为成年人的我们是否也应该反思一下我们对于“学习”的认识和态度，以及我们对孩子的影响。

我内心理解家长这种苦读书的观念其实是由来已久的。中国走了几千年的科举制度，一波又一波莘莘学子的十年寒窗，现在看来都是辛酸的血泪史。我们历来有苦读书的传统，古话云：“书山有路勤为径，学海无涯苦作舟”。但是，对于心智尚未成熟的孩子，这样励志的话怕是在他们听来觉得学习实在是件令人望而却步的事。爸爸妈妈自己几十年来的应试教育，恐怕在很多大人的心里都认为“学习知识=无聊+吃苦+无可奈何又必须为之”，很多爸爸妈妈的心里都深深埋下了“厌学”的种子，然后又悄无声息地传递给了孩子。

事实真是如此吗？学习真的是痛苦的吗？我们去观察一个初生的婴儿，我们会惊讶的看到在宝宝还懵懂无知的时候，他已经在用尽一切方法“学习”了。他们用小眼睛努力观看四周，用小手指努力触碰各种东西，在跌跌撞撞中急不可耐地接纳这个世界，急于探寻了解所有事情的奥妙。记得当小永刚刚开始学爬的时候，他总是用一个积木引导自己，把积木扔出去，再爬过去捡起来，再把积木扔出去，继续爬。这是他在玩，也是他学习距离感的方式，每次成功捡回来了，小永的脸上都会充满快乐。因为有些积木是不规则的形状，如果扔出去就直接掉在他面前了，小永就会显得很失落。有一次，他选择一个圆柱形积木的时候，他发现这个积木能滚得非常远，那天他甚至高兴地为自己鼓掌，然后以加速度的方式冲过去捡起积木再继续扔，每次圆柱体都会滚得很远。自从这次以后，他就可以在一大推积木当中迅速地找到圆柱体，玩这个追逐的游戏。这就是孩子自我学习的过程，这种学习对儿童来说是一种快乐的体验。做过母亲的都知道，孩子掌握了一件小事，他们都会发自内心的产生这种“知”的喜悦。

等小宝宝能够说话了，他们更是摇身变成“十万个为什么？”就像电影《蝴蝶》中的小女孩整天追着爷爷问：“为什么鸡要生蛋？为什么漂亮的花会凋谢？为什么天使有翅膀……”我们也会常常看到小孩子们聚精会神地看着树底下的蚂蚁搬家；我的学生们常常会充满惊喜地为一件成人看来琐碎至极的小事而欢呼。其实，这才是孩子的本性，他们无时无刻不处于求知的状态，他们对世间万物都充满好奇和欣喜。他们没有觉得学习辛苦，相反他们从未停止过学习，孩子们从婴儿期就准备好了要拥抱这个世界，准备好了面对“求”的困惑和“知”的喜悦。

然而是什么改变了孩子的这种求知精神呢？那就是我们成人。我们告诉孩子，四季更替、花落花开都是自然规律，都是稀疏平常的事情。我们告诉孩子，妈妈忙的时候不要问东问西。很多家长不仅没做到去引领孩子看这个精彩的世界，在感受和学习中得到快乐，反而在无形中用自己的麻木和权威抹杀了孩子好奇、求知、快乐的天性。等到孩子从懵懂的学习状态中进入到正规的学习中时，爸爸妈妈又忙不迭用自己老一套的教育经验来告诫孩子“学习是一件很辛苦的事，你开始读书就不能玩了。”爸爸妈妈们甚至有些老师不断强化孩子对于学习的错误认识，在他们小小的心灵中就划分开了“学习”和“快乐”，仿佛两者不可兼容。其实在我看来，这些做法都是错误的。

其实，现在很多新型的教育方式都是“寓教于乐”的，我一直崇尚“快乐教学”的宗旨。孩子，尤其是学龄前的幼儿在学习中如果不能得到快乐的感觉，那是一件多么可怕的事情。我的外教朋友常常说：“如果孩子们不快乐，我们就不是老师，我们就成了孩子们的监狱长，他们就成了我们的小囚犯。这是我们非常不愿意去做的事情。”学龄后的儿童，开始有了行为上的自律，他们的快乐是一种更高层次的快乐。在我所教的小学生、初中生中，他们学会唱一首英语歌曲；排一出有趣的喜剧；做游戏分组比赛中赢到了分数；甚至在团体课堂活动中得到了队友的支持，他们的脸上都会洋溢着快乐的神情，他们都能在学习的过程中感受到快乐。孩子们天性中自由快乐的精神应该充分在学习活动中得到舒展，成为一种助力，而非阻力。这些学习的愉快体验应该是老师在传道授业解惑中，额外要付出努力去带给孩子们的。

而作为家长，作为一个80后的母亲，我也希望能带给我自己的孩子学习的喜悦，能引领他去感受这个多姿多彩的世界；去体会一沙一世界，一花一天堂的美好；能带领他走进知识的殿堂，激励他学习的兴趣和快乐。在他取得学习上成就的时候赞扬他，在他遇到瓶颈困难时陪伴鼓励他。从现在开始，让我们所有的家长都能先改变自身对学习的错误态度，从自己做起，做一个内心开放，满怀希望和喜悦看待知识和世界的家长，传递给孩子这种积极的精神，这样孩子们才能在成长中、学习中感到知识的快乐和内心的充实。

你知道孩子的学习类型吗

在我第一年的幼儿教学工作中，我碰到了阳阳。阳阳是个6岁的小男孩，长得虎头虎脑的，很可爱。单从外表上看，阳阳和同龄段的孩子差不多，但是他的个性比较特别。他不像其他同龄段的小男孩那样活泼好动，他喜欢安静的环境，喜欢坐在小板凳上看小人书。下课时，阳阳偶尔也会参与其他小朋友的嬉戏打闹，偶尔也会用马克笔在白板上涂涂画画，但是大部分时间他更愿意做个旁观者，更愿意安安静静地坐着看大家玩耍。

不仅下课如此，课堂活动更是如此。那时候，我刚从国外毕业归来，我非常欣赏西式的“交流教学法”（communicative approach），这种教学法侧重孩子在课堂中和同学及老师的互动。在课堂上，我往往创造出虚拟的语境，让孩子和我一起“办家家”，一起在游戏中玩乐练习对话。但是不管我设计的教学游戏多有趣，阳阳总是不配合，他几乎不主动参与任何活动，不和老师或者同学有任何互动。在其他小朋友都唱歌跳舞，大声喊叫英语单词的时候，他总是沉默着，这使我非常担忧。因为我知道阳阳并非真的不能说话，在用母语时，他可以清楚地告诉我他几岁了，叫什么名字。

一开始我以为孩子是害羞，还没有克服说第二语言的心理障碍。我就更加耐心地循循善诱他，希望能引导阳阳在课堂上多表达，但收效甚微。在整整一学期的教学里他始终是那个样子，也不似害羞或者内心反抗学习。课堂上他能保持专注力，会看着老师和同学，但就是不反馈，不愿意回答问题，不愿意跟着大家一起把单词读出来，保持着“哑巴”的状态。我也因此在教学上感到有些挫折和沮丧，我非常希望每个孩子都能融入到课堂游戏中，都能达到我们所预期的教学目标。

直到班级快结束的最后一次课，我才意识到其实是我搞错了。最后一堂课是我们的单词测试游戏课，会汇总一学期所学的知识，这是配合图片进行复习和对孩子能力的测试。在活动之前，我就告诉学生们这是个小小测试，看看一学期谁学的最棒，孩子们都跃跃欲试。这一次，阳阳却一反常态的积极配合，我惊讶地发现他不仅不是什么都没学会，相反，阳阳掌握的比谁都好。他能根据图片告诉我英语单词，并且在根据英语找卡片的游戏中，他也是找到最多卡片的小朋友。整整一学期，他虽然不愿意回答问题、不喜欢唱歌，但是这些单词、这些句型他都牢牢记在了脑子里。他用“听”“看”“想”，用他自己的方式学到了所有的知识。这是我第一次真正意义上深刻地认识到孩子学习的类型并不单一，他们学习的方式也不止一种。孩子的沉默未必代表他没有在学习，他只有没有按照我设定的方式学习而已。

现在在我的学校里，我常常有和家长一起做公开课的机会，每次公开课，孩子们都会表现出各种各样不同的形态。而每次公开课课堂活动结束后，我都会问爸爸妈妈一个问题：“你们有没有观察自己的宝宝，你们知道他们是什么学习类型吗？”大部分家长都不能回答这个问题，只有少数家长能粗略地回答：“我家宝宝喜欢画画”或者“我家宝贝喜欢跳舞”等。对，其实就是抓住这些细节，老师和家长才能了解到孩子的学习类型，才能选择对孩子最有效，让孩子感到最快乐的学习方式，同时也能使我们了解孩子们的内心和喜好，理解他们学习过程中所表现出来的行为。

我们先来看看学习类型有哪几种。不管是中国还是西方，传统教育使大多数人都认为判断一个孩子是否聪明的方式只有一种，那就是看他的IQ（智商）。其实，这是一种很糟糕的划分方法，因为它建立在传统的“一元论智商”的基础上，它认为人类的智力评判标准就是以语言和数理逻辑能力为主，整合而来的一种能力。这也就是为什么每个国家的学校主课一般为“语文”“数学”。哈佛大学的心理学家霍华德·加德纳认为，过去我们对智力的定义太过于简单，这种狭隘的智力定义是不能够真实反映一个人的能力的。霍华德巅覆了早先的理论，他在《智能的结构》中提出每个人都有8种智能，它们是：1.语言；2.逻辑；3.空间；4.肢体运作；5.音乐；6.人际；7.内省；8.自然探索。这八大智能是人的智能的不同方面，霍华德·加德纳相信每个孩子在不同方面都有不同的智慧，人的真正智力是结合这八个方面的综合考量。

这八大智能所衍生出来的就是8大学习类型。因为每个人的八大智能情况都是不同的，几乎所有人总有几项智能强于其他的智能。比如，数学家往往逻辑较强，翻译家一般语言智能优秀。而某种（些）智能的优越性，在成就我们人生的最初期，在儿童时期则表现为一种能力上的优秀和兴趣上的倾向性，比如，有的孩子看图片学得快，有的孩子则喜欢跑来跑去在运动中学习。

我简单归纳描述一下八大学习类型和适合的学习方式，爸爸妈妈来看看自己家的孩子究竟属于哪种类型。

1.语言型学习者、听觉型（Linguistic）：语言型学习者拥有较好的听说读写能力，对文字比较敏感。语言型学习者的儿童往往是一个良好的听众，并且喜欢阅读，能从故事的描述中学到知识，他们往往在听的过程中能捕捉到更多的信息。这一类型的孩子适合的学习方式是听力、朗读、讲故事，以及和文字有关的游戏。

2. 逻辑–数学型学习者（Logical & Mathematical）：逻辑–数学型学习者有很好的逻辑思维能力；学习时往往擅长推理思考；喜欢探寻事物的规律。这种类型的儿童的行为往往比较理性，内在的秩序感比较强。擅长排序活动和推理活动，喜欢解决问题。

3. 音乐型学习者（Musical）：音乐型学习者对旋律、音调和节奏等各种音乐元素比较敏感，他们具有较好的音乐鉴赏能力。这种类型的孩子喜欢唱歌跳舞，喜欢在韵律中学习，他们能很快学会哼唱童谣和儿歌，能在舞蹈中踩对节拍。我觉得小永可能比较偏向这个类型，因为很小的时候他就会跟着音乐打节拍，大一点的时候会跟着音乐踩步子，让他跳舞，他就会跟着节奏摆动身体。虽然小永说话比较晚，但是对声音的模仿能力比较强，有些事物可以用拟声词表达出来。

4. 自然型学习者（Naturalisticl）：自然型学习者天性中就热爱植物、动物及自然环境。他们具有认知自然事物的学习能力，进而具有一种对环境的探索能力。自然型的孩子喜欢探索四周，亲近自然，在学习中他们具有良好的观察能力，能注意到事物的异同。

5. 内敛型学习者（Intrapersonal）：内敛型的学习者往往对自己有理性清楚的认识，能够控制自己的情绪和欲望，会学习他人的长处。喜欢思考，对生活有计划、有目标，自尊自律。内敛型学习的孩子一般更喜欢安静的环境，保护自己的私人空间，他们喜欢独立学习工作，会对自己的行为有自我评价，在团体中配合度不高。

6. 视觉型/空间型学习者（Visual/Spatial）：视觉型或者说空间型学习者对所观察到的线条、颜色、形状等信息都非常敏感，能在脑海中清晰反射出事物的形态画面并加以处理运用这些信息。这个类型的孩子往往喜欢画画，喜欢看图片，喜欢眼睛能看到的实实在在的事物。适合的学习方式是通过实物、图片、画册、地图等来学习。

7. 肢体运动型学习者/动觉型（Bodily & Kinesthetic）：肢体运动型的人具有运用整个身体学习及表达感受的能力。他们往往心灵手巧，具有创造东西和改造东西的能力，这类型的人生性好动，喜欢户外活动，喜欢通过身体来学习。动觉型的小孩一般就是那种坐不住的孩子，他们喜欢自己去操作和移动物体，喜欢通过自身实践学习。适合他们的学习方式是做动态的游戏或者韵律方面的教学活动。

8. 人际关系型学习者（Interpersonal）：人际关系型学习者善于观察他人的性格、情绪和行为的目的，喜欢与人合作的事情，配合度高，善解人意。人际关系型的孩子也是如此，他们喜欢和老师及同学有互动，喜欢参与合作或者竞争。他们往往在结对活动、小组团队活动中表现出色。

这些学习类型是由八大智能演化而来的，它们关系紧密，但是爸爸妈妈不要错误把学习类型完全等同于八大智能。其次不是这样的，每个孩子一般只发展成为一种学习类型者，但是他们身上具备了这八种不同的智能，有的智能占主导地位，有的智能并不突出，而占主导地位的智能有较大的可能决定了孩子的学习类型。比如，音乐型的孩子不仅具备良好的音乐能力，同时也可以具备其他智能，如良好的语言能力或者良好的逻辑能力，但是从学习类型上而言，这个孩子更喜欢在音乐中学习，他在音乐的环境中学习往往能得到最大的效果和最开心的体感。

在日常和家长的接触中，我常常告诉爸爸妈妈们，家长在生活中一定要做个有心人，观察孩子的行为和喜好，找出孩子的学习类型。教育的“因材施教”“量体裁衣”不仅是针对每个学习者的需求，也是针对每个孩子的性格和学习类型的。举个例子，如果非要让一个动觉型的孩子端坐在书桌前，长时间写字背书，不仅学习效果比较差，而且可能导致孩子的厌学情绪。了解到他的学习类型以后，老师也好，家长也好，就可以设计出更符合他个性的教学活动，比如背单词不如玩拍单词卡片游戏，学数学不如让孩子拍皮球数数等。根据孩子的学习类型，配合他们的学习类型来进行教学活动，这样就能实现事半功倍，“愉快教学”了。

虽然在大部分学校里，老师没有办法做到针对每个孩子设计出完全符合个性的教学活动，但是很多优秀的早教教育老师已经在课堂活动中设计出了贯穿各种智能的教学活动，比如：音乐、舞蹈、艺术课、身体游戏、参观动植物，以及团队合作游戏或者比赛。在这种融合不同学习类型、智能类型的教学活动中，不仅能让每个孩子提高他们的八大智能，也能让不同类型的孩子在属于他们的某些活动中表现出色，表现自己，获得学习的快乐感和成就感。越来越多具备现代教育知识的家长抛弃了旧有的智商概念，更多参与到开放孩子各种智能的活动中。只有当老师和家长都懂得了孩子八大智能和学习类型这些新型教育理论，理解了在生活和学习中孩子表现出的不同的形态，帮助孩子释放出他们的潜能后，才能够大大提高孩子的学习兴趣和效率，达到良好的学习效果和教育效果。

好爸妈要做游戏王

学习是一件需要温故而知新的事，所以往往在课程一开始我都会和家长进行交流，希望家长能配合并帮助孩子课后家里的复习。然后，我们在学期中有面对面的家长会，会再次沟通了解孩子的学习进度和其他情况。在家长会中，我碰到了凯凯的妈妈。凯凯是个五岁的聪明男孩儿，有大大的脑袋，可爱的小眼睛，个性非常活泼好动。他在课堂上也学习得非常好，接受能力强，模仿能力好。凯凯妈妈告诉我，孩子在家不喜欢复习。我有点惊讶，因为凯凯每次在学校课堂上都表现得非常积极，任何活动游戏都抢着参加，恨不得包揽所有活动。有时候，甚至会为了没有被我点到参与某个活动而闷闷不乐。所以我问凯凯的妈妈，请她具体说说和孩子在家是怎么复习的。凯凯的妈妈说："就是平时吃好晚饭会让小孩子把单词读两遍给我听，再把单词拼写一遍。但是，孩子总是不配合。"听完凯凯妈妈的答案，我明白了孩子的厌学心理，对凯凯妈妈笑侃说："难怪孩子不喜欢，要是我也不愿意啊，因为这样有点无聊。"其实就是这样，很多时候家长没有理解孩子，以为是他们不爱学习，其实是家长或者老师的方式不好，太过机械与枯燥，让孩子提不起劲儿来参与；如果家长再一味地强迫他，孩子的自我意识就会冒头，更加心生抵触情绪。

那么，什么才是有趣的好方式呢？教育家卡尔威特曾大力提倡用游戏来教导儿童，他认为游戏是人类在儿童时期最具有创造性且最纯洁神圣的活动。游戏给我们带来自由、满足、快乐、内外部的平静和整个世界的安定。而且最重要的是，喜欢游戏是孩子们的天性。在教育中，我们只有顺着孩子的天性去诱导才能做到事半功倍。

卡尔威特就身体力行地对他自己的儿子从婴儿时期起就孜孜不倦地运用游戏教学法。比如，在他儿子小卡尔威特还很小的时候，他用手拿着五颜六色的带子在他面前晃过，然后问儿子有几根带子。游戏一开始他晃过儿子面前的时候是慢速的，这样孩子有足够的时间观察；随着游戏的进行，他晃动带子的速度越来越快，而且彩色带子也从三四根变成了七八根。每次孩子猜对时，父子俩就哈哈大笑。游戏不仅培养了小卡尔的观察力，还带给家庭欢乐。

等小卡尔两三岁的时候，威特先生又想出了新游戏。他带孩子进到厨房，先让儿子观察一会儿，然后再带他离开；在孩子离开的时候，他偷偷改变了某个事物的位置，比如把锅从桌子上移到了椅子上，或者藏起了饭铲。第二次，小卡尔再次被带回了厨房，这时候孩子需要指出什么东西发生了变化。听上去很像我们现在玩的“大家来找碴”实物版游戏吧。卡尔威特就是这样，总是想出各种各样有趣的游戏，把知识融入到游戏中，让儿子快乐地通过游戏，自然加深对外界事物的认识和了解。在这个过程中，他儿子的观察力、记忆力、想象力、注意力、操作能力都得到了相应的提高。

其实，在我们课堂上也是如此，要让孩子顺利地配合我们的教学活动，活动必须有趣生动。这样孩子不仅不会抵触，还会积极参与，并且在学习的过程中得到快乐。然而在家里，家长因为缺乏这种意识，往往用很机械的方式，用单调重复的方式要求孩子反馈学到的知识或者复习功课，那么孩子当然是一百个不愿意。这就是凯凯为什么在学校里积极投入，在家里却懒洋洋没有复习动力的原因。其实，解决方式并不难，我给凯凯妈妈提供了几个简单易操作的游戏。假设我们要复习的英语单词是六个水果单词，游戏需要的道具是水果卡片（孩子们有配套卡片），家长也可以简单用电脑打印彩色小图片：

1. 翻卡片游戏：准备好六个水果图案的卡片和六个对应单词的卡片，把要复习的水果卡片全部乱序面朝下放在桌子上。妈妈可以和宝宝做个比赛，每个人轮流翻两张，如果是成对的，就可以拿走；如果不是成对的，就继续面朝下翻回去，看谁最后赢到的卡片最多。游戏的另外一个规则就是无论翻出来是什么，都要读出来。比如，翻到苹果图片要说“apple”；翻到香蕉图片，要说“banana”。这样孩子在玩游戏中不知不觉重复了无数次水果单词，而且这个游戏也锻炼了孩子的短时记忆。

2.找宝藏游戏：可以让孩子和爸爸闭上眼睛，妈妈先把各种水果卡片藏在家里的任何地方，然后让爸爸和宝宝一起比赛找水果。找到卡片的人必须大声喊出来找到的是什么才行，比如找到“banana”，孩子要说“It's a banana”。最后，看谁找到卡片最多。孩子在寻找中不仅复习了英语句型和单词，还培养了他的观察力。

3.开个小小杂货店：在小纸片上写上数字作为货币，可以轮流让孩子和家长做营业员和客人。客人要指出他想要的水果，然后用句子说出来，如“I want a pear”，然后营业员要说多少钱，客人要给出正确的数字换取水果卡片。这种模拟类的游戏在我的课堂上一直是孩子特别喜欢的。我发现孩子们渴望在游戏中扮演大人，承担责任，做成人的工作。他们在这种“假装大人”的游戏中往往得到很大的成就感，也培养出了责任心。

不要觉得为孩子设计一些简单的游戏，帮助学习是一件很麻烦的事，相信我，这绝对比用嗓门和武力强迫一个非暴力不合作的孩子去复习功课要容易得多。学习不是一朝一夕的事，与其和孩子在学习上开展天长地久的拉锯战，不如从现在就做个聪明的家长投孩子所好，让孩子在玩耍中学到你希望他们学的知识，并且快乐成长。

学习的游戏是多种多样的，家长可以根据孩子的学习类型和自己的需求调整转变。比如说动觉型的孩子，我常常让他们做跑步抢拍卡片游戏，或者过河跳卡片桥游戏；对于音乐型的孩子，爸爸妈妈可以陪宝宝一起摇滚起来，一起扭扭屁股唱唱儿歌。这是根据学习类型。

如果根据家长的需求，比如要提高孩子写字的能力，其实应该是陪孩子玩拍皮球游戏，这样才能锻炼到孩子手腕的精细肌肉，提高孩子手腕持笔的控制力；要提高孩子的数学能力，陪孩子玩一些简单健康的扑克牌游戏，比如算24点，或者“钓鱼”（练习加法的，需要算数字和是14），或者陪孩子做之前推荐的“小小人杂货店”游戏，都能帮助孩子提高数学。如果要培养孩子的创造能力，可以陪他画画，陪他搭积木。搭积木是一个非常有用的游戏，可以培养孩子的空间思维能力，让他们对前后左右上下等空间有了认识，并逐渐形成了高矮、长短、厚薄、轻重、大小的概念。在搭积木的过程中，孩子能充分发挥自己的想象力，用有限的形状拼组出他们心中的世界。

另外要指出几个注意点。在给孩子做游戏或者设计新游戏的时候，第一，家长要做到循序渐进，游戏要由浅至深，如果孩子听不懂怎么玩，他们就没有办法得到乐趣，也没有办法让游戏进展下去了；第二，家长要有意识的在游戏中培养孩子某方面的能力，比如注意力、观察力或者记忆力等；第三，游戏是健康有趣的，最好还有和爸爸妈妈比赛或者配合的环节，这样既培养了孩子的竞争力又培养了他们和别人合作的能力。

如果家长能让孩子在玩耍中学习，他们就不会厌学，会享受学习的过程，从学习中得到快乐。不仅如此，更重要的是，这个带领孩子在游戏中学习的过程也是建立良好亲子关系的最佳时刻，快乐学习和亲子关系是相辅相成的作用。比如，从小陪伴孩子玩耍的妈妈往往更能察觉到怎么玩孩子会快乐、什么样的玩法孩子觉得最舒服，反过来，积极正面的互动又能对亲子关系起到加分作用。家长不要以为孩子不喜欢和大人一起玩，特别是幼儿，他们在玩的时候如果没有大人的陪伴，内心是会感到孤单不安的，只有在和爸爸妈妈来来回回的互动过程中，孩子才能确信自己是被父母在乎的，才能建立对父母的信任感和内心的安全感。而父母也能在宝贝们游戏学习的互动中了解到孩子的需求，帮助其发展。所以好爸爸好妈妈们，快点动动脑筋寻找有趣的方式，带领孩子们在学习的路上快乐地前行吧！

第八章

隔代教育

两代人的矛盾

养育孩子现在是每户人家的头等大事，尤其是有了计划生育的大策，每家每户常常就只有一个小宝贝，爸爸妈妈、爷爷奶奶、外公外婆，六个人的关爱全部都集中到一个小孩的身上，确保孩子得到最无微不至的照顾和关怀。虽然说都是为了宝宝好，但是人一多，想法就多，意见就多，你有新观念我有老经验，祖辈和爸爸妈妈各有各的道理，两代人的育儿矛盾也就层出不穷。

常常带着小永在小区中散步，也认识了很多年轻的新妈妈，小静就是其中之一。小静最近一直在跟我埋怨，他们家宝宝4个多月了，婆婆就说要开始加辅食、加蛋黄，她说太早了，可以考虑6个月左右再加，就为了这件事和婆婆起了争执。

现代新的辅食喂养法，都是提倡母乳宝宝可以到6个月左右观察孩子的情况后再添加辅食的。小静认为这是科学育儿，不想在孩子的饮食问题上对婆婆妥协，就试图说服婆婆，告诉她西方专家都是这么推荐的，结果婆婆一听更恼火了，说："这种西方人的养育方法怎么可以拿来参考。你要相信，我是过来人，带孩子比你有经验。"小静不听，依旧和婆婆说孩子不能吃蛋黄，对健康是有风险的。这下婆婆更急了，说："有什么风险，你不要吓唬我。我儿子就是这么拉扯大的，还不是养的好好的……"说到这里，话题就不能继续了，一个蛋黄几乎要变成一个家庭的导火线了。

我也曾经在带孩子晒太阳的时候见到过这位奶奶，她看到我们几个妈妈就过来聊天，其中也争论起孩子要不要吃蛋黄。看大家都不给孩子吃，老奶奶有点不高兴了，说蛋黄这么好的东西，干嘛不给孩子吃，真不知道你们怎么想的。我们只得笑笑，慢慢离开，避免和她正面冲突。

其实，这样的矛盾在两代人中并不少见。

祖辈们常常觉得奶粉比母乳好，里面营养成分更高，一直觉得母乳过了六个月就没营养了，要急着给孩子换奶粉。而现在很多80、90后的妈妈们认为母乳才是金水，对孩子的健康和大脑发育起到至关重要的作用，坚持母乳喂养。

祖辈们喜欢为孩子亲手做衣服或买的婴儿衣服比较经济实惠，现在的年轻父母却认为孩子皮肤娇嫩，经不起摩擦又容易过敏，一定要给宝贝买品牌好、婴幼儿专门设计刺激少的衣服，哪怕价格昂贵。

祖辈觉得小孩用开裆裤，或者棉布质地的尿布挺好的，透气性佳，孩子们的小屁屁不容易得湿疹，上厕所又方便。但是，现在年轻的父母认为孩子必须要穿正常的裤子，而且必须用尿不湿，在孩子没有准备好之前坚决不把屎把尿，把孩子作为独立的个体，要维护孩子的尊严。

年纪大的爷爷奶奶处理问题往往凭借经验，因为他们都是凭借着自己丰富的人生阅历走过风风雨雨的，他们对自己的经验往往是深信不疑。正因为如此，他们对于新的知识则多少有些抵触情绪，思想保守的长辈们倾向于接受自己心里已经认定的想法，而对挑战他们旧观念的新理论心存怀疑，他们认为新知识不如旧经验来的可靠。

年轻的新爸妈则正好相反。他们生活阅历少，缺乏有关的经验，所以更倾向于接受新信息，在带宝宝的问题上，年轻的父母一般通过学习和自己摸索来了解新的育儿知识，他们渴望用科学知识指导生活，让孩子在新式育儿方法中茁壮成长。所以这就导致了新观念和老经验争战不休的情况。有的家庭甚至因为两代人的文化、思维方式的差异而产生大的分歧导致激烈的家庭矛盾。

其实，这些矛盾不仅对孩子长久的养育问题不利，而且更加对家庭的和睦、和谐不利。为了孩子的健康成长，家庭的和谐，长辈们和年轻父母要做的就是多换位思考，多一些体谅，多一些理解，尤其是年轻一代。

抛开谁对谁错不说，想想长辈们含辛茹苦把我们拉扯长大，退休了，该是享福的时候了，结果还要一把屎一把尿地帮我们带孩子，从感情上我感到非常的不舍得，觉得长辈们太辛苦了，我们的福他们还没怎么享受到，结果还要帮我们做超级保姆，照顾孩子并照顾我们。我听说，现在甚至有的外公和爷爷为了能够让宝宝们不挤车，舒舒服服去幼儿园或学校，一把年纪了还不怕危险地去学驾驶。

今天去看望一个孩子刚满5个月的朋友，朋友告诉我她的爸爸妈妈为了帮她照顾宝宝，不怕辛苦地在她家打起了地铺，睡了几个月的冷木地板；在带孩子的过程中，父母做得不够好的时候，她也会着急，也会责怪父母。现在回想起来，朋友说觉得自己有些后悔。长辈们不仅要受苦，还要看孩子们的脸色，实在太不应该了。从她的话语中我深深感受到老一代人对我们这些年轻父母的支持和帮助，感动于父辈们对家庭的贡献和牺牲。所以我觉得年轻的爸爸妈妈一定要心存感激，善待长辈们给予的援手。从心里面先做到心存感激，然后在养育孩子的沟通上多一点耐心，再多一点耐心。摆事实、讲道理慢慢和家长沟通，在家庭氛围比较轻松的时候可以给他们看一些官方的文章，或者把书上的重要资料描红，给他们看看，不能采取激烈的争论和批判，要因势利导，以情服人。

而年老的一辈呢，也要学会谦逊。虽然长辈吃过的盐比我们小辈吃过的饭还多，但是时代在进步，科学在发展，老观念也要跟上时代的脚步，知识是可以不断更新进步的。要知道一切都是为了孩子好，大家的目标是一致的，是站在同一战线上的。当和小辈在育儿上有冲突时，长辈们应该学着放下面子问题，放下固执，不要摆老资格，多听听孩子们的意见，了解为什么新式的方法是这样子的，它好在什么地方，把内心打开，去接受这些新讯息，和孩子们一起学习新的育儿经。这样就能慢慢化解那些冲突还有矛盾了。

那天又碰到小静，她开心地告诉我，关于孩子吃不吃蛋黄的矛盾解决了，婆婆终于妥协，不再坚持了。我问她到底是怎么做到的。她说，一开始自己确实很生气，觉得婆婆不可理喻，但是转念一想，老人家只是因为知识比较陈旧，所以她就特地从网上找了好多资料，其中有国际母乳与哺乳研究学会会议上很多专家的意见。专家否定了4个月加辅食的这个观点，应该稍微延迟一点时间添加辅食，6个月内不建议混合喂养，提倡母乳喂养到两岁之类的。资料中有理论、有数据、有图表，言之凿凿。她把资料复印下来，也不和婆婆争论，很平静地给婆婆看。婆婆看了之后，虽然未必完全心服口服，但是至少对吃蛋黄这个事不再坚持了。

遇到两代人的不同意见，让我们学会心平气和，换位思考，彼此多一份尊重和理解。其实只要是真的为孩子好，再大的矛盾都可以化解。

无可取代的爸爸妈妈

去年去新加坡旅行的时候，我去拜访了我的朋友小宁。小宁因为成绩优秀被新加坡公立大学录取，大学毕业后和太太一直生活在新加坡，已经有七八年了。这次见到小宁，他也非常热情，带我到处游玩。在游玩中，我们也谈到彼此的家庭。其实，小宁一直有个很大的烦恼，他和妻子前几年生下一个女儿，但是因为两人在国外都无其他亲戚帮忙，夫妻两人都有工作，没有办法白天照顾孩子，而经济上他们也没有余力请保姆照顾孩子。因此，小宁夫妻俩无可奈何地把孩子带回国，交付给了国内的父母，让爷爷奶奶代替爸爸妈妈来照顾小宝宝。他们每年也会抽空回国看孩子，但是问题来了，每次他们回去，宝宝似乎总是不记得他们这对“爸爸妈妈”，看到他们孩子就完全如同面对陌生人一样，不是自顾自玩不搭理他们，就是会感到紧张和害怕。孩子不乖的时候，小宁也想尽父亲的责任，想要教导孩子，但是孩子完全不听他的话。小宁感到自己和亲生宝宝的疏远，为了这个他们夫妻俩觉得非常烦恼。

这使我想到了曾经在电视上看到过的一档叫《远方的家》的节目，那一期正好讲到留守儿童，节目试图通过走访那些留守的老人和孩子来反映社会现状。屏幕上记者去采访一所乡村的小学，老师介绍说这个学校里的孩子大多为留守子女，他们的父母因为生计都去了遥远的城市打工。镜头里的孩子们看上去天真纯朴，也带着孤独的感觉。虽然孩子们的身上穿着爸爸妈妈从城市里寄来的时髦运动鞋和漂亮衣服，但是他们表情里却很少看到真正的幸福感、满足感。记者问孩子们："你们想不想自己的爸爸妈妈？"孩子们怯怯地回答："想。"记者又问："你们还记得爸爸妈妈吗？"有个孩子说："有点不记得了。"另一个孩子说："我妈妈很漂亮的。"说妈妈漂亮的男孩子只有每年过年的时候才有机会见到妈妈，在他的脑海里也只留下了妈妈漂亮的粗略印象，其他关于妈妈的事孩子一个也说不上来。

节目的制作人用摄制组随身带去的笔记本电脑连上网络，联系了孩子们远方的爸爸妈妈，希望创造机会让孩子能和千里之外的父母用网络视频来一次近距离的接触。可是，这样近距离的接触并无法消除时间空间带来的隔阂。孩子的父母网络视频中只是问些普通的问候问题，孩子们在对话中也显得规规矩矩，带着生疏和敬畏，少了很多亲子间的亲昵甜蜜，双方都仿佛是为了完成节目任务似的完成了这个千里一线的相聚。

这期节目让人看了内心很伤感，其实我觉得家长把孩子交给长辈照顾和管教，最大的问题并不是在于孩子的教育问题，而是造成了孩子内心的创伤和亲子关系上的疏离。

据有关资料显示，高达57.14%的留守儿童有心理问题，并且父母打工离开家庭的年限越长，孩子的心理问题也就更为严重。这不是爷爷奶奶祖辈们教育的问题，这是爸爸妈妈自己的“缺席”所造成的情感上的遗憾和割裂。比如，之前提到的我的朋友小宁，他最痛苦的并非是孩子不服管教，而是小孩几乎不认识他们夫妇二人，不认识本应该是自己生命中最亲最爱的“爸爸妈妈”，这让他们心碎不已。

在《规矩和爱》中也曾经说过这样一个故事：一个在城市中上班的妈妈把出生不久后的孩子留在老家让外公外婆带，因为工作原因最初几年都无暇回老家看孩子。外公外婆担心孩子会不认识亲妈，所以用了一张妈妈的照片指认给孩子看，告诉他这是妈妈。而且他们还把妈妈照片粘在了墙上，让孩子每天都能够看到。有一天，妈妈真的回去了，当她深情地想要抱住自己的孩子时，孩子却惊吓得哭闹起来。“我要妈妈，我要妈妈”，孩子挣脱开妈妈的怀抱而扑向墙上的照片。短短的两年，孩子缺失的母亲形象已然被一张照片所替代。这位妈妈心碎了，也非常后悔，她把孩子带回城市和自己一起住，还求助于专业的亲子辅导。用了将近一年的时间，才和孩子建立起了真正的母子亲情关系。

小宁的孩子也是如此，和爷爷奶奶亲，不认识真正的爸爸妈妈，不习惯他们的亲近，更不愿意接受他们的管教。我告诉小宁孩子的教育不可逆，孩子的感情更是需要时光的累积，父母这个重要的岗位是别人无可替代的。孩子与家长的感情，在于血缘，更在于朝夕相处。爸爸妈妈的职责不是爷爷奶奶可以取代的，这里既有我们上面讨论的教育上的弊端，更在于别让爸爸妈妈成为一种情感上的空白，成为孩子的孤独伤痛，成为家长日后的遗憾伤心。家长要认识到爸爸妈妈的无可替代性，要承担起自己的责任。

我理解很多背井离乡或者远渡重洋的年轻父母无法和孩子朝夕相处的难处，但是在科技发达、讯息通畅、网络遍布全球的今天，距离已经不再是隔断亲子联系的阻碍。记得以前我曾经看过一部影片，孩子的母亲在孩子未满月的时候就查出已经身患绝症，只有短短几个月可以活了。但是，这位母亲并没有因为自己的病情而放弃身为母亲的职责，她把自己想和孩子说的亲密话、想要教育孩子的言语都用DV拍摄下来，制作成了很多小片。这些小短片还按孩子的年龄分好，有给孩子1岁看的，2岁看的，3岁看的，还有按照孩子的情绪分的，比如孩子难过时，她想要安慰孩子的话语；孩子毕业时，她想要恭喜孩子和孩子一起分享快乐的片段。如此这般，这些DV短片伴随了她的孩子一年又一年。虽然孩子从小失去了妈妈，但是他从未觉得孤单，因为妈妈用另外一种方式始终陪伴在她的身边。

生死相隔，尚且能够做到陪伴在孩子身边，这让我们远方的家长们情何以堪。我觉得家长完全可以借助一些网络平台和孩子建立联系，虽然这不是我们非常提倡的方式，但是作为家长要有这样一份心，陪伴孩子的成长，而不是一味以赚钱为借口放弃对孩子的照顾，最好的方式还是要尽一切可能将孩子带在身边。和孩子之间的联系不单指一个月一次的见面问候，更应该是一种日常的接触。让孩子对父母保持接触，加深亲情，减少因为空间距离而产生的生疏感。有条件的可以通过一些视频网络使孩子能够熟悉远方的爸爸妈妈的声音相貌，不会在见面时把爸爸妈妈视为陌生人；也可以使远方的爸爸妈妈能够看到孩子细微的真实举动、听到孩子天真稚嫩的声音，能够隔着距离见证到孩子成长发展的每一步。在这种接触中，家长还可以及时得知孩子生理和心理的发展，有效地给予孩子教导和关爱。

我欣喜地得知，在我撰写此书的时候，小宁夫妻已经把孩子接到了新加坡一起生活，他们下定决心生活再艰苦繁忙也要和孩子生活在一起，也要承担起父母的职责。我想这是对他们自己和孩子最好的安排。

莫让隔代亲成“溺爱”

现在很多白领爸爸妈妈们都是双职工，生活节奏又快，工作又繁忙，他们无法做到从早到晚地亲自照顾孩子的饮食起居，就把照顾宝宝、教育宝宝的重任交付给了祖辈，这样既安心又比较经济。我自己也是如此，结束产假回去工作以后，白天只能把小永托付给我爸爸妈妈，让他们代为照顾，下班后我会去把孩子接回家自己照顾。所以，我特别能理解这种情况。在我们学校，也有很多这样家庭结构的孩子，在一些低龄幼儿班中常常能看到长期是爷爷奶奶送来读书的小孩，在和他们的交流中我得知孩子基本是由爷爷奶奶一手负责照看教育的，只有晚上一点点时间交还给年轻的父母。

本来祖辈看到孙辈已经是眉开眼笑无比的宠爱和亲近了，再加之是长期的朝夕相处，亲手照顾抚养，这样的爷爷奶奶、外公外婆和孩子之间形成的“隔代亲”更是超越了一般的亲子关系。

为人子女，我感激长辈对年轻父母伸出的援手，但是作为教育者，在长期的教育工作中，我则发现这种“隔代亲”引发出一个比较大的问题，那就是“溺爱”。亲自照顾孩子的爷爷奶奶和孙辈往往会有强烈的感情纽带，如果不用理智来约束这种隔代亲感情则会变成“溺爱”。

我把这种“溺爱”分为两种，一种是显性的溺爱，一种是隐性的溺爱。

显性的溺爱是爷爷奶奶对孩子的言行举止没任何要求，对孩子的行为也不加限制。在老人家眼里，宝贝们的一切行为都是可爱活泼、都是美好的；而一旦孩子有闯祸、胡闹、撒泼等行为，有的爷爷奶奶也不太劝阻不循循善诱，而是替孩子的行为找借口说“小孩子还小不懂事”。不仅如此，有的长辈还阻挠爸爸妈妈甚至老师对孩子的教育和引导。这样行为的结果是，最终小朋友的性格变得霸道骄纵，恣意妄为，在进入幼儿园和小学后往往无法适应教学环境，学习成绩差，阻碍了孩子后期的发展。

幸运的是，随着我们时代的发展，爷爷奶奶们也在进步，上面这种情况越来越少。很多外公外婆、爷爷奶奶也会教导孩子有礼貌，注意举止言行。其实，更要小心的是下面这种“隐性的溺爱”。

我常常在学校中看到这种隐性的“溺爱”，爷爷奶奶和孩子特别亲，他们总想给孩子最好、最周全的照顾和关怀；他们怕孩子冻着累着，捧在手里怕摔，含在嘴里怕化；带出门往往抱着不放；在家里又对宝宝有求必应。他们不知道自己的这种无微不至的关怀其实是给孩子建了一个隐形的“玻璃罩”。宝宝们在这种过度保护、予取予求的环境中，他们没有任何需要自己努力去做的事情，生理和心理的各种能力得不到提高，并且因为深居简出，他们接受到的外界刺激不够丰富、不够多，这类孩子在反应能力和学习能力上相比其他孩子就会差一点。

爷爷奶奶们不了解0到6岁是小孩大脑发育最迅速的时期，在这一阶段，孩子需要良好的教育环境和充分的刺激来促进大脑的发育。他们往往认为这么小的孩子什么都不懂，开开心心、安安全全就够了。这样的想法出发点是好的，但是也往往因为这样就糊里糊涂错过了孩子0到6岁大脑开发的黄金时段。这样的孩子看似并没有闯祸捣乱的宝宝那样宠坏，但实则已然受到了“溺爱”的损害。

无论是哪种溺爱的形式，我觉得从感情上，不管是年轻的父母还是老师，我们首先要理解祖辈爱孙辈的这种心理。然后，再从孩子教育的角度，爷爷奶奶也要了解正确的“爱的方式”。爱，是一柄双刃剑，过分的溺爱不仅不能使孩子健康快乐，反而会影响孩子正常的生理和心理发展，阻碍他们自理能力和独立能力的培养。过分溺爱的孩子一旦失去了祖辈的庇佑，在学校里、在幼儿园里，他的社交能力、情绪控制能力都会比其他孩子差。当家里发生“溺爱”问题时，爸爸妈妈们也要用更平和的方式来和祖辈们沟通，不要在孩子面前责怪爷爷奶奶，大家共同商量协调出教育策略。爷爷奶奶也要学会理智地“爱”，这样才不会让“爱”变成“害”。

别让孩子成为哑巴宝宝

上周我的朋友小罗和他太太焦急地跑到我们学校来向我求助，说他们2岁半的孩子到现在还不会说话，孩子是不是出什么问题了，是语言有障碍还是智商有问题。我先让他们平静下来，然后慢慢告诉我孩子的情况。

原来事情是这样的，他们两个白领因为工作忙没空看孩子，孩子一出母乳期，他们就把孩子放到爷爷奶奶家。每隔几个月，他们也会去看看。一转眼，孩子已过了2周岁。但是，令人焦虑的是，现在快两岁半的小宝宝还是不太会说话，有什么事喜欢啊啊地叫。爷爷奶奶反映孩子会简单的词语，偶尔也会蹦出几个词语和颠三倒四的句子。但是，小罗觉得别人家2岁半的小孩有的已经能够说简单的语句了，他们家的孩子基本听不懂大人的指示，也无法和大人有什么互动，夫妻俩真是愁死了。因为我是学语言学的，所以他们特地跑来咨询我。

听了他们的描述，我让他们首先不要担心。这种情况不一定是孩子先天的语言功能有问题，往往是后天和家长错误的相处模式导致的能力上的差异。

其实，像小罗宝宝这样的情况并非是个别情况，因为专业的原因，我在学校中常常观察孩子们的语言能力和发展情况。我发现，同样是一个学校里的3–6岁的孩子，他们所表现出来的表达能力和语言能力是有差异的，其中由爷爷奶奶带大的一部分宝宝们，相比由爸爸妈妈自己照顾的宝宝，在语言表达能力上相对较差。

佳佳就是这样一个事例。她是我宝宝班里的一个孩子，已经五周岁了。第一天来上课，佳佳是由爷爷抱着送来的。小女孩有着圆圆的大眼睛，梳着两个小羊角辫，煞是可爱。我们教室的大门上有个圆形的小窗，上课时，佳佳爷爷就一直贴在窗口上看佳佳在课堂里的表现，眼里满满都是对孙女的爱。后来，通过和佳佳爷爷的聊天我得知，原来佳佳的爸爸妈妈上班特别忙，佳佳一直是由爷爷奶奶带大的，所以是典型的隔代教育的宝宝。

虽然佳佳性格温和可爱，但是她在学校中表现出来的语言能力不是很强，不仅仅是她学英语的能力，主要是孩子不习惯用口头语言来沟通。以现在孩子的营养水平和接受外界刺激的加强，孩子们的语言能力都开发得比较早。很多五岁孩子都已经可以用清晰的、有逻辑的语言描述他们生活中的很多事情，也可以和老师、同学进行有效的对话。我们班里很多小朋友一下课后都会拉着我哇啦哇啦说一大堆他们幼儿园发生的七七八八的事，但是佳佳从来不会这样，她如果想表达和我的亲近，就会过来拉一下我的头发，摸一下我的脸，然后就跑开在那里呵呵的笑。在课堂上问她问题，她也会回答我，但是很少主动举手，常常都是我叫到了她，她才回答。佳佳更喜欢用肢体语言和眼神表达感受，而不是用语言表达，并且模仿还原语音的能力稍有欠缺。

以佳佳为代表，通过对几十组孩子的观察对比，我归纳出几条在长辈照顾下，学龄前幼儿会呈现出来的语言情况：

1.孩子不喜欢用完整的句子交流，他们会用断句和词汇。

2.孩子往往有口齿不清的情况，或者带口音的情况。

3.孩子更喜欢用肢体动作和眼神同别人交流，而不是用口头的语言。

4.孩子的模仿能力和语言表达能力相比同年龄段的孩子较弱。

5. 孩子不善于和成年人交流，但是和爷爷奶奶很亲，有一种他们之间特殊的交流方式。

在发现这种现象后，我一直在思考这种差距到底是如何形成的呢？为什么爷爷奶奶带比爸爸妈妈带，宝宝的语言能力会差呢？通过和不同的家长交流，和其他老师一起讨论，以及对各种孩子家长的观察，我发现很大的问题是出在爷爷奶奶和孩子的相处模式上。爸爸妈妈和孩子相处往往有问有答，会进行一定程度的沟通。但是，爷爷奶奶对宝贝们过于体贴爱护，他们往往不需要孩子有任何表达就能把所有孩子可能需要的东西都放在他们面前。比如说日常的茶水伺候，吃的玩的。小孙子、小孙女一个眼神，爷爷奶奶就会把ABCDEFG一切可能的东西都摆放在孩子面前，任君挑选。爷爷奶奶甚至善解人意到小朋友嗯一声，他们就知道他们要什么了。在这样长期无微不至的照顾模式下，孩子不需要用语言表达自己的需求和内心的想法，他们延续了婴儿时期的状况，习惯于哭喊两声或者跺跺脚就能得到生活上的一切满足。就像小罗反馈的信息一样：他家的孩子不用说话，想要什么就啊啊叫，然后爷爷奶奶就会拿了各种东西簇拥上来问“囡囡要喝水啊？”“要玩玩具啊？”“要吃点心啊？”试想在这种予取予求不需要沟通的环境下，孩子大脑中的语言能力和思维能力如何发展？他们怎么去学习和他人之间的沟通呢?

当然，爸爸妈妈也不要担心，我所说的这种情况发生在一小部分隔代教育的孩子身上，不是说爷爷奶奶带大的孩子一定语言能力差。相反，我就碰到过由祖辈带大，孩子表达能力很强，语言很清晰的例子。所以关键在于育儿理念和正确的方式。

我们来看这样一个优秀的祖辈带孩子的事例。

小臧的女儿今年2岁了，年底的时候举家携女儿来看我。他的女儿非常机灵聪明，虽然只有两岁，却能清晰表达自己的想法，比如她会告诉我她的需求“宝宝要吃苹果”，她会指着我们家的洗衣机问我“这是什么？”她会唱歌跳舞给我们看。小臧的女儿可以说是我现阶段看到过的两岁的孩子中表达能力最强，说话最有逻辑的孩子了。然后谈到家庭教育，我惊讶的发现，他的女儿大部分时间其实是由长辈来照顾的。在详细的沟通后，我才了解到具体情况。小臧是医生，太太工作也忙，而且作息不定，而他们孩子又太小，没有到送托儿所的年龄，所以，两人商量着只能借助两边父母的帮忙了，考虑到不让长辈太辛苦，他们选择的方式一周七天，有几天是把孩子送到爷爷奶奶家，有几天是放在外公外婆家，然后周末自己带孩子。但是不管放在爷爷家，还是外公家，他们一定会做到的是每天下班后夫妻俩会去看宝宝。保持和孩子的亲密接触和沟通，以便及时了解孩子的生理和心理的各种情况。

此外，在语言上他们有特殊的要求，虽然孩子还小，但是小臧相信孩子有理解和学习能力，他和家人都沟通好，要和孩子说“正确的话”，即用完整的句型，清晰的语调，并且不使用“宝宝语言”

（Baby Language）。不跟孩子奶声奶气说话，不说那些“狗狗”“果果”“怕怕”之类的宝宝腔。不仅妈妈爸爸如此，爷爷奶奶、外公外婆都要配合。平时不管是老一辈还是爸爸妈妈都达成一致的意见，要和孩子多交流，鼓励孩子在对话中给予反馈，不断用问题引发孩子的思考和语言上的回应。平时除了陪孩子玩、交流，他们还鼓励宝宝听音乐、唱歌、跳舞。每当家里有客人时，他们不会怕惊到孩子，不会把孩子藏起来，相反，他们会把客人介绍给孩子，并且慢慢引导孩子回答客人的问题，等孩子熟悉一些不再害羞、害怕后，在孩子乐意的情况下，再让孩子和客人做一些简单的互动。所以小臧的孩子才能在两岁半已经表现出近于三四岁孩子的语言才能。

如同我之前所说的，孩子语言能力的发展受阻，主要是由于家长和孩子错误的相处模式。从小臧女儿的事例中我们可以看到，如果能够改变错误的相处模式，祖辈和孙辈长时间的相处未尝不能转变为一种语言教育上的优势。

这里我们给家长的小贴士：

1.首先爸爸妈妈要了解孩子语言发展的重要性，并且和祖辈多交流，把新的育儿理论传达给长辈。大家要站在同一战线，采用相同的教育策略。

2. 长辈要和孩子多沟通交流，从日常做起，给孩子机会表达出他们自己的需求，而不要在孩子说出需求之前就什么都满足他。在照顾孩子的日常起居中，需要用语言解释给孩子听你们正在做什么。

3. 贯彻用完整清晰的句型和孩子说话，若孩子不理解，家长要有耐心，可慢速重复，爷爷奶奶也要如此。慢速重复是学习任何基础语言的关键。此外，可引导孩子重复你们所说的话。

4. 不和孩子说“宝宝语言”（Baby Language），家长不要刻意模仿孩子的奶声奶气和他们说话，因为孩子迟早要用正规句型和别人交流。一旦习惯了宝宝腔，将在很长一段时间内无法纠正过来，所以从家长做起，和孩子说正常规范的语言。

5. 可用问答的方式引导孩子的对话，尤其是日常用语的反复练习问答，比如：“你叫什么名字啊？”“你几岁了？”“你喜欢这个吗？”等等。这样才能帮助孩子构建和别人沟通的基本句型。

6. 长辈平时带孩子要多将孩子带出去玩，经常带孩子外出不仅有助于孩子身体上的发展，并且能培养孩子的胆量。爷爷奶奶要在外出中积极鼓励宝宝和别人家的孩子及大人打招呼，还有简单交流，如果孩子不能适应，自己可以以身作则，让孩子慢慢模仿。

7. 平时可多听歌谣，鼓励孩子唱歌、跳舞和模仿。

8. 最后，也是最重要的一点，要相信孩子，相信他们有学习的能力、理解的能力、沟通的能力、思考的能力。

第九章

让孩子学会自我保护

保护儿童从父母提高安全意识开始

在三月初，微博上传递起这样一则求救信息。事情是这样的，长春的许先生和许太太早晨把车停在自家开的超市门前，由于天寒地冻，他们怕孩子挨冻，夫妻俩就决定先把宝宝留在车上，然后进到超市里生炉子，等稍后房间里暖和点了再把孩子抱进去。这对夫妇下车后，车门也没锁，车子也没熄火，就径直进入了超市。没想到就在他们两个进屋生个炉子那么短的时间内，门外车子和宝宝都不见了。

发现车子被盗后，许先生和许太太急疯了，赶忙报警，并且向当地媒体求助，孩子的母亲更是在镜头前下跪，求偷窃汽车的凶手将孩子还给他们，只要把孩子还给他们，他们什么都可以不追究。

由于媒体的宣传和网络信息的传递，当地大量的志愿出租车司机及私家车司机都四处奔走，帮助这对夫妇寻找失窃的车子和男婴。很多志愿车辆都聚集在出城口和广场上，只要看到和失窃车辆相似的车型，大家都会围上去询问。网上也有很多人在发帖关注这起事件的发展，关心失踪宝宝的安全，长春宝宝的安全牵动了全国人民的心。

然而，悲剧还是发生了。最后在公主岭市永发乡，人们找到了被盗车，车牌已被摘除。车上空余包裹孩子的粉色毯子，宝宝不见了。3月5日，窃车贼周某向当地公安机关投案自首。他承认自己是偷车开出后才发现后座上有孩子的，因为婴儿的啼哭声，他怕被人发现，遂将婴儿掐死，埋在了路边雪中。

一个小小的生命，他刚在满满的爱意和喜悦中来到我们这个世界，短短两个月，就被残忍地带离了我们的世界。长春宝宝的死让所有人感到无比痛心，也对凶手的残忍麻木感到愤怒。如此天真无邪的婴儿，如何忍心伤害，甚至夺取他的生命。在我们怒骂凶手的同时，我们也要意识到，孩子父母安全意识的缺乏在这起惨案中有着不可推卸的责任。我们同情婴儿的父母的遭遇，感受到了他们的伤心和绝望，但是如果孩子的爸爸妈妈锁上了车门，如果他们把孩子抱进了屋内，而不是留在车上，孩子可能还平平安安、快快乐乐地生活在这个世界上。太多的如果如果，让宝宝的离世更觉伤痛遗憾。

近年来，国内外儿童少年由于各种伤害事故造成死亡的惨案不胜枚举。单单是本年五月，我所看到的新闻中孩子的伤害事故就有：五月，济南历城区走失的8岁小女孩许艾钰，被醉酒的村民劫走并将其猥亵并杀害；五月8日，广东珠海五岁的女童不幸滑入排洪渠，经抢救无效死亡；美国纽约5月1日，美国肯塔基州一名年仅5岁的男孩玩枪时意外杀死2岁的妹妹。

我常常忍不住在想，父母在这些悲剧中应该承担怎样的责任。当孩子遭遇到这些不幸时，父母们到底做了些什么，还是没做什么？当这些孩子的父母在得知孩子的死亡后，又是怎样的痛不欲生、悔不当初？很多惨案都是可以避免的，我们身为父母，并不是把孩子带到这个世界就足够了，我们有保障孩子生命安全的责任。

我一直觉得在今天的世界，孩子需要我们更多的关爱和保护。这并非说生活在今天的孩子反而不如古代的孩子安全，而是指我们的孩子，现在面对的是一个更复杂、更现代化、更具有诱惑的世界。世界的复杂性使孩子可能面临的危险和种种问题呈现出复杂性。相对于古代小国寡民“日出而作，日落而息”的生活，我们的孩子们可能会遭遇到更多形形色色的犯罪行为，以及各种工业时代的严重意外事故。现在，每个孩子都是家里的宝贝，甚至可能是最珍贵的唯一的宝贝。我们无法把孩子和世界隔绝开，但是作为家长我们可以有更强的安全意识和防范意识，更小心谨慎对待孩子的安全隐患，我们可以利用各种信息学会如何保护孩子，让他们健康快乐成长；我们也要教会孩子如何保护自己，勇敢地面对这个世界。

加强对孩子的保护，不是要把孩子全面监管“圈养”起来，不是要对孩子管头管脚片刻也不能自由行动，如果这样，孩子就变成我们之前提到过的“巨人世界”的小囚徒了。加强对孩子的保护是考虑到孩子年龄小，面对意外他们的反应能力还不够；面对人为的危害，孩子的辨识力、反抗能力不够。在这种情况下，我们需要在室外，在人多的地方对孩子加强监护，不要让孩子脱离监护人的视线；在家里，在封闭的环境内，家长应采取相应的安全措施，比如使用儿童安全插座，L型桌角、防撞防护条等。这样既能给予孩子行动的自由，又能最大程度减少他们受伤害的可能。这些都是父母需要去了解、去进修、去学习的保护孩子的智慧。

此外，给予孩子保护，教会孩子保护自己，这不仅仅是爸爸妈妈的责任，也是我们全部成年人，我们整个国家和社会应该承担的责任。在法律上，我们应该严惩对孩子进行伤害的罪犯；在政策上，我们应该及早出台监护权法，这样孩子的监护人才能意识到孩子的安全监护的必要性；在宣传教育上，我希望家长能从更多的、更正规的渠道去学习怎么保护孩子，学校和家庭也有更正式的对孩子的自我保护的教育。比如：英国曾经为了防范孩子的“性侵犯”危害，给孩子提出了“小学生十大守则”，其中有“背心、裤衩覆盖的地方不许别人摸”、“不与陌生人说话”、“不喝陌生人的饮料，不吃陌生人的糖果”等注意事项，这些注意事项防范措施是具有借鉴意义的。反观我们国家，在很多地方，孩子的安全常识教育还只停留在“知道家长名字”、“过马路要两边看”这种初级程度，如何防范犯罪，尤其是性侵犯罪，仍是被忽视甚至被回避的话题。

看着长春宝宝的照片，警钟在我心中长鸣。保护儿童的健康成长，需要我们大家全方位的努力——既要完善相关法律法规，对违法犯罪行为给予防范和打击；家长、学校、社会也要做好教育和预防，减少悲剧的发生。我国是世界上儿童最多的国家，儿童保护是一项重要且紧迫的工作，短时间内改变社会大环境或许很难，但每个家庭、学校及时提高安全意识确实能有效避免悲剧重演。

为孩子创造安全的港湾

在报纸上看到这样一则旧闻，去年的今天，浙江一位四岁的男孩小翔独自在房间里嬉戏，爸爸妈妈都在其他房间忙别的事情。孩子在冰箱边玩耍，撞到了冰箱上。不料，放在冰箱上的一把剪刀落下来，正好插在孩子的头上。父亲汪先生听到孩子的惨叫声后匆忙跑进厨房，孩子已经血流不止。父母将小翔立即送到了医院，所幸剪刀插入头骨的深度只有1厘米，经过一个多小时的手术后孩子伤情稳定，没有生命危险。

看到这样的消息，想象其中的画面，让我的心一阵阵的揪痛。因为自己工作原因，每天和孩子朝夕相处，从一开始担心孩子摔着碰着，到慢慢关心孩子的学习情况，再近一步关注孩子心理的发展和品德教育，让我感到作为老师的职责在进步，教育在进步。然而近年来，频频听到的儿童意外伤害事故，又把我拉回了身为教师的最初，开始关心起孩子的生命安全。

曾经读到过一份中国的早期死亡报告，在我们国家，意外伤害是0–14岁儿童的首要死因。2008年的数据显示，中国儿童死亡原因中意外伤害占26.1%。不仅仅是中国，根据世界卫生组织和联合国儿童基金会的报告显示：全世界每天有2000多名儿童死于意外事故或者意外伤害。世界卫生组织总干事陈冯富珍博士指出："儿童受伤是一项重大的公共卫生和发展问题。每年有83万儿童死于非故意伤害。"这个数据是相当惊人的，根据报告显示，车祸、溺水、烧伤灼伤是名列前三的伤害事故。死亡的背后还有更多的终身残疾的儿童承受着悲惨的命运，这为中国独生子女的父母带来了极大的忧患。

每一个孩子都是家里的宝贝，身为旁观者，看到小翔的意外伤害事件都让人感到心疼担忧，我无法想象孩子的父母看到孩子受到伤害时该是怎样的心痛、后悔。我们说家是安全的港湾，近年来我常常听到幼童在家中发生坠楼事件、烫伤事件、被尖锐物刺伤、刺死事件等。如果我们父母在家里都不能给孩子创造安全的环境，世界上还有什么地方对孩子来说是安全的呢？这样日益增长的儿童意外伤害事故是给我们家长的警钟，提醒我们要加强防范意识，做好预防意外的措施。

家里潜藏着那么多的危险因素，为什么成人们看不见，不能及时发现呢？全球儿童安全组织中国区首席代表崔民彦提到，一个原因是因为家长没有意识到危险，缺乏安全意识，另一原因是家长没有用孩子的视角来发现危险，找出安全隐患。

法国百吉福公司曾经拍过一个有趣的视频，他们利用了特殊的摄影器材和技术，让我们大人能用“孩子的视角”来看这个世界，以此重现了蒙特梭利所说的孩子眼中的“巨人世界”。短短的视频中你可以看到巨人的爸爸妈妈、山坡一样高耸的自动扶梯、瀑布一般的淋浴花洒、敞篷汽车大小的超市购物车和儿童车。这就是帮助家长用孩子的眼睛看这个世界。在人高马大的家长眼中，看来无比简单安全的世界，其实对孩子来说都是巨大而充满危险的。家长不妨试试改变看待家中物品的角度，低一点，再低一点，学习用孩子高度的视线审视家居用品，有意识地从孩子的角度想一想，判断物品会不会对孩子造成损伤，会不会被孩子“不当”使用，这样才能有效地扫除家中的危险隐患。

当小永开始扶站，开始爬行时，我所做的一件事情就是趴下身子，和孩子爬行的方式一样，爬到房间的每个角落，从各个角度审视房间，发现有危险的地方立刻保护起来。比如桌角、插头、各种抽屉、各种尖锐的地方，我都一一将它们用各种方式隔离开，以此确保小永在地上爬的时候，能够避免受伤。

在这里，我也列举出家中各项安全小贴士，希望爸爸妈妈能从中得到帮助。

1. 防跌倒坠落

幼龄的孩子没有危险意识，往往会从床上一个翻身就摔下去了，所以我为小永在床上安装了床栏，但是我觉得一旦孩子能够爬行就没必要放在床上，摔到地板上摔得不巧也会很严重。所以家长可以考虑为年幼的孩子添置专门的防滑游戏毯和游戏垫，让孩子到地上玩，这样空间也比较大，更不会发生坠落事件。如果确实家里空间比较小，孩子只能在床上玩的话，要在床的周围装好床栏，视线不要离开孩子让他一个人玩，更不要侥幸你离开几秒钟不会有什么事情发生，危险往往就在你视线离开的这个几秒里面。安装了床栏还可以考虑在床边铺一些厚一点的游戏垫，至少万一孩子摔下来可以起到一个缓冲作用。

对于大龄一些的孩子，就会出现更加危险的情况了，更是要加倍小心。曾经在新闻中就报道过有一户人家把年幼的孩子单独留在了家里，虽然他们家的阳台是用铁栏杆防护起来的，但是栏杆与栏杆之间空隙比较大。小孩子趁大人不在爬上了阳台栏杆，结果从缝隙中跌了下去，所幸小宝贝的脑袋比较大，卡在两根防护栏中间。纵使这样，孩子也是吃足了苦头和惊吓，才被救生员和邻居从大楼外救了进去。

所以这里要提醒家长阳台一定要有护栏，并且间隔距离要小。家长要对孩子有正确的教育，告知孩子动画片里人会飞是假的，窗台、阳台是危险的地方。平时家长要注意门窗、护栏是否关闭，桌椅、玩具、杂物、家具尽量不要放置在阳台或者窗台边上，以防孩子攀爬。之前，我还看到过新闻，有个家长为了锁门把孩子放在学步椅里面，结果没有注意轮子，孩子就从门口的楼梯滑了下去，这是多么恐怖的事情啊！所以家长一定要万分小心，切不可大意。

2. 防烧烫伤、电伤

儿童的烫伤在家庭意外中发生的比例是最高的，77%的孩子烫伤都是在自己家里发生的。我认识一个朋友，她的女儿就是因为奶奶在泡奶粉的时候疏忽发生了烫伤事件。奶奶当时刚在奶瓶中倒了开水想要烫一下，转身去拿奶粉，奶瓶放在了桌子的边缘，就在这三秒钟的时间里，小姑娘就从外面冲了进来，随手去拿奶瓶，一瓶滚烫的开水全部倒在胸口。虽然没有破相，但是胸口巴掌大小的伤疤是一辈子都不会退去的了，这对于一个孩子来说就是终身的伤害。

天冷的时候，家长给孩子洗澡也要特别注意，一定要先放冷水，再放热水。爸爸妈妈要用手试过温度后再将宝宝放入，婴儿的体温和大人手掌感受热度还是有差异的，所以水温偏冷一点在38度左右比较安全。如果大人对自己的手掌感温不是很有自信，可以买专门的婴儿洗澡温度计，我们就有一个小鸭子造型的水上玩具，洗澡的时候放进去，如果温度过高小鸭子底部就会变成白色。这样就会提醒我水温对小宝宝来说可能太烫了。

婴幼儿时期不要让孩子进入厨房，他是没有安全意识的，不容易告诉他哪些是安全的、哪些是不安全的，但是有些妈妈独自带孩子，无法避免孩子会跟着进入厨房，所以厨房里的烹饪电器，比如电饭煲，电磁炉之类的，一定要放在高处，让孩子不能接触到，防止在使用过程中被孩子因为好奇而触碰导致的烫伤。

家里很多的插座也是隐患所在，小孩子往往喜欢拿一些东西去戳那些小孔，所以暂时不用的插座可以用安全盖保护起来，降低孩子触电的概率。在安装安全盖的时候，记得避免孩子在场，不然他会觉得这个事情很好玩，很有兴趣，在你预料不到的时候再去近一步研究。当孩子对这些东西产生兴趣的时候，不要大声呵斥，不然他会产生更多的好奇，所以如果孩子对插头产生兴趣，适当引导他转移视线，如果是拖线板就拿到高处，插头就封锁掉，等孩子再大一点的时候再教育如果触碰到会有什么后果。

另外，夏天使用电风扇要安装防护罩，防止小孩子的手意外绞伤。冬天用的暖气设备一定要注意防止孩子烫伤。

3. 防尖锐物品的伤害

家中所有的尖锐物品，比如剪刀、针线、刀具甚至是圆珠笔这类都一定要妥善保管，放在孩子不易触碰的地方。如果是收在抽屉中的，最好选择可以上锁的抽屉。我们家只要小永能够到的抽屉，我都买了专门的抽屉锁，不让小永随便打开。他使劲拉几次无法打开，一般就没有兴趣了。不要小看圆珠笔，上次看到一则新闻，一个小孩子在玩一支圆珠笔，走路的时候摔了一跤，不小心插入了身体，幸好家里人及时发现送入了医院，没有造成很严重的伤害，但其实这些事故都是可以避免的。

孩子天生好奇心大，喜欢在家里东翻西翻，然而，他们又对利器的危险性认识不够，新闻中曾有过发现孩子误吞针和别针险些丧命的报导。并且当孩子在家中嬉戏玩耍的时候，家长也要注意自己手中的利器，勿要因为孩子的顽皮而引发意外事故。

不仅仅是那些很明显的利器要收好，家长在购买玩具的时候也要注意细节，不要贪图便宜买那些小摊小贩的，一定要是正规的厂家出产的玩具，买之前要检查玩具是否光洁平整，是否有尖角之类的危险，是否适合自己孩子的月龄。

可能在买家具装修房子的时候，很少有家长会考虑以后有了孩子会如何如何，所以有些设计感强的家具会有棱有角，一旦有了孩子就会很容易对孩子造成伤害。不过，好在现在人的智慧无限，我就买了一些软性的边条，用3m的胶带可以直接粘在边边角角，宝宝凑上去也不会撞疼或者弄伤自己。但是这些也要经常检查，保护的套子如果掉了要及时粘好，如果有破损的地方要注意是不是有钉子电线外露，只要家长多一份细心，就能最大程度防止孩子受伤害。

4. 防中毒，防误食

不要给宝宝玩或者食用过小的东西，比如小球珠、纽扣、硬币，或者给他吃一些坚果类的东西，比如花生、瓜子等。在孩子还没有能力吃这些食物的时候，一旦误食，会造成气道的阻塞，甚至有窒息的危险。在澳洲开超市的朋友曾经告诉我，他们国家对于儿童的玩具在尺寸上有非常严格的要求。6岁前儿童玩的玩具都不可以过小，以防止孩子误吞。所以我给小永买积木，都是孩子年龄越小，我给孩子买越大的积木，现在有很多软的积木也非常适合小孩子玩。2007年，我国也颁布了新的《儿童玩具召回管理规定》，呼吁进一步完善儿童玩具生产标准的法律法规，比如禁止有毒化学物质及多种重金属在儿童产品中的使用。

家里五颜六色的瓶瓶罐罐都要收好，不仅是药瓶，还包括洗发、浴露、洗涤产品，眼药水、化妆品之类都要放在孩子拿不到的地方，不仅是为了避免孩子误食，也是为了防止如果是玻璃的摔碎了以后会有很多玻璃渣，容易造成危险。如果孩子不幸误食了这些东西，要尽快刺激孩子的喉头，催吐，然后给孩子大量饮水，同时赶紧送到医院进行治疗。

我也遇到过小永对一些鲜艳的瓶子特别感兴趣，有些我会洗干净给他玩，但是有些不行，如果不给的话，孩子的情绪往往会失控甚至大哭。这时，不妨给孩子一个拥抱，把他抱开，然后用其他玩具或者无害的东西引开他的注意力，这样就会好很多。

5. 防溺水

5厘米的水就能淹死一个孩子！这个并非危言耸听。低龄幼儿因为父母疏忽，在家中溺毙的意外事故，排在儿童意外伤害致死原因的第五位。

曾经新闻中报道过一个妈妈把2个多月的孩子留在浴缸里学游泳，结果颈圈脱开，孩子就在浴缸中溺水了，一直都没脱离危险，医生表示就算抢救过来依然有脑损伤。这对孩子和家庭都是一种伤害，但是世界上是没有后悔药的，所以家长一定要谨慎，再大的事情没有孩子的生命安全重要。

现在城市中流行让孩子去游泳馆学习游泳，这对孩子的身体健康和提高生存能力是有帮助的。但是家长一定要了解课程情况，确保教练有专业资质，孩子要在成人的监护下进行游泳，并且利用救生圈等必要的防护设备。配置教练的数量要和学生的数量有合理的分配，之前就曾发生过一个教练带十个幼儿学习，一双眼睛看不过来十个孩子，结果导致了其中一个孩子溺毙的惨剧。在郊区农村的话，家长也要控制孩子的行为，让孩子不要去河边、井边、结冰的水面、化粪池等地方玩耍。

最后，建议有条件的父母可以学习一定的安全急救措施。为了应对日益增长的儿童意外伤害事故，我自己已经在去年参加了红十字协会的安全急救课程，取得了急救证书。我觉得这对应对突发事故是非常实用的。如果家长能有一定的急救常识，可以在意外发生的第一时间给予孩子最及时正确的处理。

《世界预防儿童伤害报告》中提到，如果在世界各地采用已证明行之有效的预防措施，每天至少可以挽救1000名儿童的生命。

现在，很多家庭都只有一个孩子，视如珍宝。爸爸妈妈们一定要加强安全意识，学习安全措施。爱不仅仅是一份心意和一种情绪，更是一份责任和一种技巧。让我们联起手来，为孩子打造一个温馨安全的家的港湾。

警察叔叔不吓人

我去社区中心办事，看到这样一对父子。爸爸带着个三四岁的儿子来这里办理医保之类的业务，儿子生性好动，在空荡荡的大厅中跑过来跑过去。爸爸一把将儿子抓了回来，安置在身旁的长椅上，让孩子坐好不要乱动。小宝贝一开始还算听话，屁股牢牢地坐在了椅子上，就是两条小腿还不安分地摆来摆去。我正好坐在孩子边上。

小男孩看见爸爸手上拿着医保卡、病历卡之类的东西，就好奇地问："爸爸，爸爸，这是什么啊？"爸爸没回答他的问题，兀自看着电子显示牌等待叫号。男孩又问了一遍："爸爸，你手上拿着什么啊？"他的爸爸还是不搭理他，一脸不耐烦的表情，孩子看爸爸不理他，起身又要跑出去玩。结果，孩子的爸爸又把孩子抓了回来，按回了原来的座位。这次，爸爸挥了挥手上的医保卡、病历卡，对孩子说："你知道这是什么吗？这里面全部都是给你打针的钱。嘿嘿，你要是不乖乖听话，爸爸就叫医生来给你打针，知道吗？"孩子吓得乖乖坐在椅子上，再也不敢动弹了。我看着男孩受惊吓的小脸，无奈地摇了摇头。

不知道国外的家长有没有这样的问题，但是我发现中国的家长有个特殊的习惯，就是在自己教育孩子的时候，家长动不动就会借助别的权威形象，比如警察叔叔、老师、医生等，用他们来吓唬孩子，用这种"吓唬教育法"来让孩子听话，培养孩子的敬畏之心。

在小区内也看到过这样的景象。邻居家住着一个老婆婆，平时经常能看到她带着小宝宝出来晒太阳散步。偶尔闲聊起来，知道她是宝宝的外婆，小宝宝现在2岁半，刚刚走路走顺了，说话还有些口齿不清。2岁的孩子正好到了"可怕的两岁"这个异常活跃的年龄段，孩子一带到外面就会撒开腿乱跑。婆婆年纪大，跑不过孩子。平日里白天还好，下午下班高峰的时候，小区内到处是下班归来的住客和私家车，小宝宝这样就穿梭在人群和车子中间，异常危险。有一次，我看到宝宝乖乖地依偎在外婆身边，坐在靠近小区门口的长凳上。我们小区正门对面正好是一个派出所，一辆警车呼啸着归来，车顶上红蓝色的警示灯吸引了孩子的视线。车子停在了派出所门口，警察从警车中走出。外婆看宝宝一直盯着他们，“不失时机”地教育起了宝宝：“宝宝，这是警察叔叔，你乖吗？你要是不乖到处乱跑的话，外婆就让警察叔叔把你抓走。”为了加深孩子的印象，外婆还特地指了指对面的警察。“宝宝不听外婆的话，警察叔叔就来抓你喽！”当时，明显觉得孩子的脸上充满了害怕的神情，想来以后很长一段时间孩子的脑中想到警察都会觉得是一种恐怖的大人。

这种威吓式的教育看似有效，其实是不正确的。它不仅伤害了孩子的心灵，更是误导了孩子，在年幼无知的幼童心里埋下了对“特殊职业人群”的恐惧情绪。这些职业并非和孩子没有任何联系，孩子生病受伤需要医生的救助；学习玩耍需要老师的教导陪同；孩子发生意外事故、发生困难需要警察的帮助。如果孩子觉得这些都是会来抓他们的“恐怖的大人”，在需要帮助时，孩子如何去信任、如何去求助。特别是执法部门的形象，如果我们随意扭曲警察在孩子们心里的形象，发生危险时，孩子又该如何呢？

人民日报曾经刊登过一则5岁女童被拐脱险的事件。事情是这样的，今年4月11日的某个上午，湖北省一个5岁的小女孩在去上学的路上被一名疑似精神病患者强行带走了。女孩的家人到处寻找，都没有找到，万分焦急。湖北高速警察接到报警后也迅速调看搜索视频监控，在其中一个视频中警察发现一名古怪的女人和穿粉色背心的小女孩在高速公路上行走，他们马上指派3名巡警前往处置。当警察赶到现场时，疑犯正牵着孩子往前走，女孩并没有挣扎。警察不能十分确定走在这个高速公路上的小姑娘是否就是报警所称的“失踪女孩”，只能走近询问，5岁的小女孩一看到警察叔叔，立马迅速挣脱掉女嫌疑人跑向警察，并抱住警察叔叔的腿哭喊：“她不是我妈妈。”这样一句话，让警察迅速判定这个小姑娘就是他们要找的孩子。孩子虽然情绪激动，但是仍然边哭边清楚说出自己在上学途中被这个怪阿姨强行带到了这里的过程。这些表述都让警察迅速地排除了嫌疑人的语言干扰，了解了事情发生的始末，安全解救出了孩子。

随后，小女孩还准确地报出了自己的姓名、就读的小学，以及出示了书包上爷爷的联系电话。使民警最快速度与孩子家长及老师取得了联系。在高速公路的应急车道上，孩子不乱跑，乖乖拉着警察叔叔的衣角，躲在警察身后，确保自身安全。

这是个被拐女孩成功脱困的事件。女孩的爷爷事后告诉大家，在孩子刚学会说话的时候，家人就反复告知她全家人的姓名还有电话。虽然才只有五岁，孩子已经能够清楚说出自己就读的学校、校址、还能背出老师的电话。不仅如此，家人还给孩子指出过穿制服的警察叔叔是什么样子，让孩子熟悉警察的外观标识特征，告知她警察叔叔的职业是干什么的。爷爷还说，他教过小宝宝，“万一遇到坏人时，千万不要慌张”“坏人带她到人多的地方时，一定要大声喊救命，看到警察叔叔要求救。”这些理智清醒的安全教育最终帮助孩子在遭遇坏人时能够及时安全的脱险。

事件的经过和照片在网络上迅速传开，受到了有孩子的网友的盛赞。有为孩子的机智聪慧叫好，有为警察侦破此案迅速叫好的，有网友还戏侃到：“别怕，到警察叔叔这里来”，让警察叔叔的形象顿时高大了起来。

在我看来，我们也要为家长对孩子的正确安全教育叫好。试想，如果这个被拐孩子的家人没有在平时灌输给孩子正确的警察职业的形象，而是一直吓唬告诫孩子说“你不乖，警察叔叔要来抓你了”这样的话语，那么孩子在被拐后，心里受到惊吓，看到警察是否还会向警察求救呢？我想不会，如果孩子没有迅速奔向警察求救，或许疑似精神病患者就会在和警察的纠缠中伤害到孩子，结果可能就没那么圆满了。

教会孩子自我保护

今年的六一又快到来了，大概所有的父母都知道6日1日是国际儿童节，但是恐怕很少有家长知道5月25日是国际儿童失踪日。

1979年的5月25日，有一个叫Etan Patz的美国小男孩在上学途中失踪了，这个案子迅速被各大媒体广泛报道。男孩的父亲是一名职业摄影师，在无比伤心中，他将儿子的照片到处张贴，希望能有人给出孩子的线索。通过他的努力，男孩的照片甚至贴到了家家户户早上送来的牛奶瓶上，引发了全美国的关注。之后，美国的报刊媒体进一步呼吁在全国范围内搜索，并追踪报道。一时间诱拐儿童的社会问题成为了大家讨论的焦点，美国人认为当时的政府缺乏有效的儿童安全防范措施。

在随后的几年中，媒体又报道了在美国的其他大州陆续发现大量儿童尸体的案件。有一名连环杀人犯在1981年被捕，这名凶残的杀手承认自己犯下了29起谋杀儿童案，简直令人毛骨悚然。他最终被判处终生监禁。由于类似的孩子失踪案和伤害儿童的恶性案件发生不断，迫于媒体的压力，在1983年，美国里根总统把每年的5月25日定为“国家失踪儿童日”，并且组织专门负责失踪儿童的部门，联合地方执法部门加强对失踪儿童的搜寻。

“国际儿童失踪日”强调的是整个社会对失踪儿童的关注，具有积极的意义，但是这个日子也是让很多家长欲哭无泪的日子。不仅在国外，在国内我们也常常听到孩子被拐骗、被伤害、被性侵犯的恶劣事件。我时常在想，究竟怎样才能保护我们的孩子，减少这些罪行的发生呢？从美国的事例中可以看到，政府和执法机构必须加强打击力度，并且建立覆盖全国范围的失踪人口数据库，媒体和执法部门必须联合起来。这些都是我们政府可以借鉴的。而另一方面，作为普通的家长和老师，我们又能做些什么来保护我们的孩子呢？我想，我们除了加强自己的安全意识，采取安全措施之外，更重要的是我们要加强孩子的防范意识。既然坏人无处不在，危险随时都可能靠近我们的孩子，那么，我们一定要尽可能帮助孩子排除风险，教会他们如何保护自己。

1.教孩子记住家里的信息

在孩子三四岁可以说话，可以记事时，爸爸妈妈就应该告诉孩子父母或者其他监管人的完整姓名和电话号码，并要求孩子反复背诵，直至能做到准确无误。在前面的章节中，湖北省被拐的小女孩，他的爷爷就把家人的名字还有电话编成儿歌，方便孩子记忆。另外，家长也可以告诉幼儿自己家里附近有什么明显的地标，有哪路公交车可以到达。万一小朋友迷路了，这是他可以回家的重要信息。

2.教孩子独自在家不随便开门

电视台最近还在呼吁，请家长们尽量不要把低龄幼儿一个人放在家里，这会产生很多安全隐患。但家长也反映有时候实在是没办法，他们也不愿意。如果在某些特殊情况下，家长不得已而为之，那么一定要做到关好门窗，锁好铁门；不管是学龄前儿童还是学龄后的孩子，父母都应该要嘱咐孩子一个人在家如果有陌生人敲门，一定不要随意开门。哪怕是找爸爸妈妈的熟人，也要先给爸爸妈妈打电话，告知情况后再由家长决定。

3. 教孩子不轻信陌生人

爸爸妈妈可以用一些简单的故事比较生动地传授给孩子基本的防骗知识。要教育孩子，如果父母不在身边，不要轻信不认识的叔叔阿姨；不要跟陌生人去游乐园玩；不要跟陌生人去找爸爸妈妈；不接受怪叔叔或者怪阿姨的礼物和食物；如果遇到陌生人硬拉你走，不要害怕，一定要大声叫喊向周围其他的大人寻求帮助。

4. 有事找警察叔叔

家长平时不要拿警察吓唬孩子，要传输给孩子正确的对警察职业的认识。让孩子能认识穿制服的警察叔叔是怎么样的，熟悉警察的外观标志。家长要告知孩子，万一小朋友和妈妈爸爸走散了，第一孩子要在原地等；如果没等到爸爸妈妈，要找警察叔叔帮忙；如果在比较偏僻的地方迷路了，或者遇到奇怪的叔叔阿姨了，孩子一定要跑到附近的商店求助，并打110报警电话。

以上这些都是最基本的安全知识，爸爸妈妈要用深入浅出讲故事的方式让孩子理解并且记忆。有时候也可以用情景对话的方式考考孩子，比如问："宝宝，如果你和妈妈去公园玩，找不到妈妈了怎么办？"看孩子有没有记住平时的安全教育，有没有选择正确的方式。

不仅是防被拐、防迷路，中国的孩子还应该增强防性侵犯的意识和知识。这些日子以来，校长带女学生开房；班主任侵犯多名学生等异常恶劣的儿童性侵犯事件接二连三的曝光，引发众怒。目前，我们国内还没有相关的统计数据，但是据美国国家失踪及受虐儿童中心（NCMEC）统计：在美国有将近五分之一的女孩和十分之一的男孩在18岁以前都曾受到过性侵犯。

这个数据是令人感到触目惊心的，在纷繁错乱的今天，我们必须对日益猖狂的儿童性犯罪心生警惕。很多国家针对这一情况开展起孩子学龄前的性教育及自我保护教育。

比如我们熟悉的英国。虽然英国是我们非常熟悉的老派保守国家，但是它在孩子的性教育上毫不保守。英国从2005年起就拟定法案，其中明文规定5岁及5岁以上的孩子必须进行强制性的性教育，以此来增强孩子对性的认识及自我保护意识。除此之外，它还有著名的小学生十条守则：

1、平安成长比成功更重要；

2、背心、裤衩覆盖的地方不许别人摸；

3、生命第一，财产第二；

4、小秘密要告诉妈妈；

5、不喝陌生人的饮料，不吃陌生人的糖果；

6、不与陌生人说话；

7、遇到危险可以打破玻璃，破坏家具；

8、遇到危险可以自己先跑；

9、不保守坏人的秘密；

10、坏人可以骗。

这些守则中都提到了，孩子面对陌生人时要有防范意识，并且允许孩子在遇到危险时打破常规的礼仪规范。比如，孩子遇到危险时可以破坏家具，孩子为了自保可以欺骗坏人。这些守则是极具参考借鉴价值的，我们的小学、中学，甚至幼儿园也可以好好思考一下如何给予我们的孩子一些安全小守则。

除此之外，中国的家长也要改变谈性色变的观念。避而不谈或者用厌恶的口气谈论性不仅起不到保护孩子的作用，而且还可能当有的孩子遭遇到侵犯时，使他不敢拒绝、不敢向家人诉说。在对于孩子的性教育过程中，简洁易懂的方式是有助于孩子理解的。这里我们可以借鉴一些美国的性教育方式。在美国两三岁的小朋友可以通过绘本、拼图、玩偶和黏贴玩具等，知道哪些是隐私部位，这些部位只有每天照顾他们的人才能接触。到了三四岁，美国的幼儿园还会有生理卫生课，用人体模型向小朋友讲解，让他们了解到性别的差异和功能。

作为家长，我们也应该教会孩子正确区别“亲密行为”和“侵害行为”。我们应该让孩子知道遇到让自己感到不舒服的任何行为，都可以立刻躲开，跑去告诉自己信任的人。教会孩子去“拒绝”，对于大人的奇怪举动，孩子有权利说“不”。告诉孩子，如果你不愿意，别人不可以随便亲你或者拥抱你。爸爸妈妈也要做有心人，观察孩子是否有异常的举动或者被性侵犯的迹象，比如孩子说下身不舒服，身上有异常的分泌物等，不要简单地归为孩子的自然生理现象。

中国的爸爸妈妈更要勇于和孩子沟通，帮助孩子建立自我保护意识，鼓励孩子表达自己的感觉，学会接纳他们的感觉。并且父母要和孩子建立亲密的关系，有正常的亲密的肢体接触，让孩子感受并熟悉正常的关爱接触是怎样的，以区别侵犯性的触摸。这些都是我们保护孩子免受伤害的方法。

第十章

妈妈的味道带来幸福感

妈妈的味道带来幸福感

我经常会带小永去逛一些进口超市，采购一些食材。有一天下午在超市买东西，排队结账的时候看到一对母子。妈妈看上去三十多岁，长得白白净净，打扮得非常时尚，孩子是个5、6岁的小男孩，稚气可爱，站在妈妈身边，东张西望的。

他们正好排在我前面，买的东西是一堆微波冷冻的速食，有牛肉饭、水饺、鱼香肉丝饭、披萨等，虽然包装上的图片让这些食物看上去美味诱人，其实吃过的人都知道味道差强人意，勉强裹腹。收银员是个长相亲切的中年阿姨，看了这位妈妈买的东西，关心地问了句："你们吃饭就吃这些啊？"年轻妈妈嗯了一声，正在掏钱包。

收银员阿姨又有点热心过头地问："不做饭啊？"

年轻妈妈没有回答，倒是边上的小宝宝说了出来："奶奶去老家了。"

收银员阿姨看孩子机灵活泼，就对他说："哦，奶奶不在家啊，平时都是奶奶做饭给你吃的啊？"

小孩点点头，说："是啊。"

阿姨一边收钱，一边用有些责怪的神情看着那个妈妈，说："其实才三点多，回去可以给孩子烧点什么，速冻食品哪有新鲜的好！"

"妈妈不会做饭的。"宝宝在边上插嘴说。

年轻妈妈有点尴尬，急忙付了钱，拉着孩子，拿好东西，逃也似地迅速离开了超市。

“现在的家长啊，做个饭都做不来……哪像我们……”望着他们离去的背影，阿姨对着我说，我朝她笑了笑。

的确，在我印象中，我们这代人的妈妈都是做的一手好菜，脑海里印象最深刻的妈妈的形象就是她每天在厨房忙碌的身影，还有那些虽然家常却非常可口的饭菜，像糖醋小排、红烧肉、腌笃鲜、红烧带鱼等，每每想起来都会滴口水。妈妈也说，她烧菜最大的幸福就是看着我和爸爸把饭菜消灭得干干净净。

在国外读书的时候，因为一个人生活，为了照顾好自己的胃，我开始自己一个人看着菜谱慢慢学习做菜，自己动手了才知道做一顿可口的饭菜有多不容易，一道菜从买菜、洗菜、切菜到开始煮炖炒，其实都是费时间、费精力的事，于是明白了妈妈的辛苦。

有时候在折腾一道菜的时候，室友就会问我，这道菜要做成什么样呢？是什么口味的？我想了想，回答说：“要做成妈妈做的那个样子，做成妈妈的味道。”

就是这样，好吃不好吃，就是看有没有做成妈妈的味道，记忆中妈妈的味道成了判断美食好坏的标准，妈妈的味道也是我记忆中家的味道。所以很多留学在外的人都说，思乡其实是怀念家乡的食物，所谓家乡的味道很多时候指的也就是妈妈做菜的味道吧。

纵观现在的社会，很多年轻白领因为工作繁忙，十指不沾阳春水，很少进厨房，外面餐厅、饭店又那么多，解决一顿饭还不容易。刚成家的时候我时常偷懒，经常去妈妈家搭伙，或者下馆子打发一顿完事，不太愿意自己动手。可是，当我自己有了宝宝，肩负起了妈妈的责任，我就决定一定不能让我的孩子随便吃，一定要从小吃得健康，要让他吃到妈妈的味道。

现在的科技越来越先进，有很多先进的机器帮助繁忙的家庭节约时间，还有各种辅食机可以满足孩子的需要，例如面条机、榨汁机、面包机、酸奶机之类的，都可以给孩子带来最新鲜的食物，比商店里直接买来的罐头食品要好很多。现在国内的食品安全还存在隐患，我觉得自己买新鲜的食材，动手给孩子准备食物更为安全健康。偶尔，我也会给小永囤一些进口的辅食罐头，为了出门的时候方便，除此之外，只要是在家的时候，我都会坚持给小永做新鲜的食物。

曾经看过一则报道，一位普通的南京妈妈决定为自己上幼儿园的儿子做一年365天不重复的早餐，她同时还开了一个名为“南京肉球妈”的微博。“肉球妈”在微博中说，在爱心早餐这个计划之前，她也和很多妈妈一样，每天早上都很匆忙，时间不够用，都是随便在路上买点早点，孩子在车里吃完，再送去幼儿园。后来，她从报刊媒体上看到了很多有关食品的问题，为了儿子的健康成长，“肉球妈”就决定要自己亲手给儿子做早餐。“肉球妈”说，刚开始的时候，是很有难度的，因为她和肉球爸都不会做饭，但是为了儿子，她开始上网搜集一些食谱，并购买了一些制作卡通食物的模具，从此，365天不重复的早餐生活就这样开始了。我也买了这位妈妈的两本书籍，虽然小永比她的孩子要小很多，但是一些简易的制作方式和食材搭配，看了确实很有启发。

美国约翰斯·霍普金斯大学研究发现：经常自己动手做饭吃的

人，比不做饭的人幸福感更强，这是因为在获取食物时付出的努力会增加人们的价值感。吃饭时的快乐感觉和美味感，会持续24小时。我觉得能吃到自己妈妈做的饭，幸福感应该会更强烈一点吧。肉球每天早上醒来等待妈妈的早餐，也一定充满了幸福感，我的期望是小永以后也有这样的一种幸福。

辅食添加要循序渐进

6个月内小永吃母乳，接近6个月的时候，我就开始记录一些食品的搭配和一些营养指标，为小永之后添加辅食做准备。在小永四个月的时候，周围就充斥着要加蛋黄、加辅食的声音，我知道这都是一些长辈对辅食这个概念的误解，其实蛋黄已经不适合作为宝宝的第一辅食了，甚至建议8、9个月以后再考虑添加，最早应该让宝宝尝试含铁的米粉。所以，我参考了一些最新的喂养资料，在坚持母乳的同时，根据小永的实际情况让他慢慢接触辅食。在6个月不到的时候，我发现用勺子接触小永的嘴巴，他的挺舌反应慢慢消失了，然后口水比平时要流的多，我觉得他应该是准备好迎接辅食了。从那个时候我开始每天给他喂一顿辅食，在两次奶之间喂，既不能让他太饿没有耐心，也不能太饱对辅食没有兴趣。最早的辅食是几勺接近流质的含铁米粉，持续几天，然后观察孩子的排便情况，感觉一切都正常，我就加大辅食的量，然后几天后增加米粉的浓度，到他已经完全接受米粉，我就开始逐渐增加其他食物。蔬菜可以考虑从根茎类植物开始，水果可以从香蕉苹果开始，每次只增加一种食物，并且观察几天，再增加新的食物，如果发现过敏的情况就停止。

经常听到小区里面不少家长抱怨孩子很挑食，这不吃那也不吃。避免孩子发生挑食的情况，首先要从孩子接触辅食的时候就开始注意，因为辅食阶段是孩子一生口味形成的阶段，一岁之前不建议添加任何调味料，要清淡为主。在孩子不过敏的情况下，尝试各种口味的健康食物，保持均衡营养，这样他就会对各种味道都有适应能力，不会挑食。等到孩子能够适应大人饮食的时候，一定要注意家里饭菜的品种搭配。其实我自己也是有点挑食的，然后我发现我不吃的东西，我妈妈也不吃，很多情况是因为她不会在家里烧这个菜，所以导致我也抗拒吃这个食物。所以我觉得为了避免孩子再发生同样的情况，我们家还是要尝试尽可能多品种的菜，就算我自己不吃，也试试帮孩子煮一些，或者和孩子一起品尝，不仅可以避免他发生挑食，也可以改善我自己的挑食习惯。

很多4个多月的宝宝去体检，会要求查血指标看看是否贫血，很多妈妈会被告知宝宝贫血了，需要添加辅食，吃蛋黄或者补充铁剂，这是千万不可取的。

很多育儿专家已经发表了文章表示，简单的血检是无法断定宝宝是贫血或者缺钙。崔玉涛就曾经在微博中写到：“因为我们人体中的微量营养素含量很少，所以很难通过血液直接检测到孩子体内的含量，现在给孩子查微量营养素，并不是直接检测血液中微量营养素的含量，而是通过与一个标准进行对比来判断的。也就是说，微量营养素并不是直接检测出血液中的含量，而是通过与微量营养素的标准比测出来的。”

所以这类检测的误差非常大，不能作为真实依据，有些医院会建议家长们做那些费用相当高的微量元素检查，其实除非是确实身体有状况，不然完全不需要。即使做了，这些数据也是不准确的。

母乳的宝宝在4个多月的时候，确实会有一个贫血状态期，因为这个阶段宝宝身体发育非常快，从妈妈母乳中吸收到的铁质会有一些缺乏，那个时候小永去检查，医生也指出，铁含量不够，但是这个阶段的宝宝不要盲目去增加什么营养剂，更不要手忙脚乱加蛋黄之类的。蛋黄里面的铁含量虽然高，但是吸收度很差。母乳里面所含的铁，宝宝是吸收度最高的，所以母乳妈妈可以多吃一些猪肝、红肉等含铁量高的东西，一般都可以满足宝宝的需要。等到宝宝能够吃辅食，吃高铁的米粉，基本这个铁就能补充上来了。

并且医生也提到贫血的类型是多种多样的。手指血检测血色素只是筛查，它不足以确定贫血的类型和体内造血的状况，所以也并非补铁就一定可以改善贫血的。

所以妈妈在面对这些问题时，不要盲目着急地给孩子乱补，什么补铁补锌。家长可能觉得，补总比不补好，万一真的缺呢，但是这种盲目的补才是真的会引发问题呢。有的微量元素摄入过多可能会导致中毒，影响宝宝健康。比如说钙过多会导致动脉硬化、结石病等。

奶粉中有足够的微量元素满足宝宝的成长需要，母乳中更是富含多种营养，所以切不可操之过急，购买很多营养素给孩子吃，还是要科学检测，理性判断。

刚开始添加辅食的宝宝，高铁米粉是首选，也可以给宝宝添加适量的根茎类蔬菜。小永刚开始加辅食的时候，常吃的蔬菜是南瓜、胡萝卜、土豆之类。随着孩子的成长发育，肠胃功能慢慢加强了，再慢慢增加其他蔬菜，绿色蔬菜含农药量往往很多，所以煮的水不要给孩子喝，蔬菜剁碎给孩子吃就可以了，多摄入一些红肉可以补充铁质。小永最早吃的水果是香蕉，因为香蕉是低敏水果，几乎没有宝宝会有香蕉过敏的现象，而且香蕉不论是前期碾碎给宝宝吃，或者后期让宝宝自己咬着吃都很方便。水果记得要给宝宝吃当季的水果，当季水果自然生长，不是种植在大棚里的，不会喷洒促进生长的激素什么的，绿色成分会高些。含有籽的水果，比如猕猴桃、草莓之类不易太早给宝宝食用，这些水果过敏系数比较高，建议一岁以后孩子再吃。

太小的宝宝不建议喝果汁，一方面不利于孩子的肠道健康，另一方面果汁都偏甜，孩子一旦喝惯了果汁，就不会愿意喝水，对孩子的健康是不利的。实在要给孩子喝果汁的，半岁以内的婴儿起初应按照1∶1的比例加水稀释，而且量应该少。

我收集到一张不错的表格，基本小永的辅食添加都是按照这个表格来操作的。

还要提出一个喂养方式的问题，这有时候也会直接导致孩子的偏食问题，因为有些家长觉得孩子喂饭有点烦，所以哪个食物他比较喜欢，就愿意多给他吃这个食物，方便喂养，长此以往就造成了孩子挑食。

由于有些孩子不愿意坐餐椅，家长就跟在后面，一边玩一遍喂，养成了很不好的饮食习惯，对孩子的饮食健康也是不利的。所以还是

婴儿食物转换方法

	6月龄	7~9月龄	10~12月龄
食物性状	泥状食物	末状食物	碎状、丁块状、指状食物
餐次	尝试，逐渐增加至1餐。	4~5次奶，1~2餐其它食物。	2~3次奶，2~3餐其它食物。
乳类	● 纯母乳、部分母乳或配方奶； ● 定时（3~4小时）哺乳，5~6次/日，奶量800~1000毫升/日； ● 逐渐减少夜间哺乳。	● 母乳、部分母乳或配方奶； ● 4~5次/日，奶量800毫升/日左右。	● 部分母乳或配方奶； ● 约2~3次/日，奶量600~800毫升/日。
谷类	选择强化铁的米粉，用水或奶调配； 开始少量（1勺）尝试，逐渐增加到每天1餐。	强化铁的米粉、稠粥或面条，每日约30~50克。	软饭或面食，每日约50~75克。
蔬菜水果类	开始尝试蔬菜泥（瓜类、根茎类、豆荚类）1~2勺，然后尝试水果泥1~2勺，每日2次。	每日碎菜25~50克，水果20~30克。	每日碎菜50~100克，水果50克。
肉类	尝试添加	开始添加肉泥、肝泥、动物血等动物性食品。	添加动物肝脏、动物血、鱼虾、鸡鸭肉、红肉（猪肉、牛肉、羊肉等），每日25~50克。
蛋类	暂不添加	开始添加蛋黄，每日自1/4个逐渐增加至1个。	1个鸡蛋
喂养技术	用勺喂食	可坐在一高椅子上与成人共进餐，开始学习用手自我喂食。可让婴儿手拿"条状"或"指状"食物，学习咀嚼。	学习自己用勺进食；用杯子喝奶；每日和成人同桌进餐1~2次。

（来源：卫办妇社发〔2012〕49号《儿童喂养与营养指导技术规范》）

建议让孩子坐在餐椅上，前期由大人来喂，后期等孩子自己有吃饭的欲望的时候，让他和大人们共同进食，我觉得如果能参与到吃饭这个过程中来，孩子在餐椅上就能比较坐得住，因为他有事情可以做。

小永也是一个不愿意坐餐椅的孩子，后来当他自己有能力拿勺子了以后，我就会让他参与到吃饭过程中来，每次给他喂饭的时候，给他一些食物让他自己吃，就算吃得满头满脸都是，我也耐心尊重他这个学习的过程，而且他有事可做之后，我发现他明显坐餐椅的时间可以持续很久。有时候带小永出去吃饭，几个小朋友坐在一起，小永都是坚持到最后能把饭吃完的那个，然后就会有妈妈问我怎么才能让小孩子坐在餐椅里吃饭呢，我就把让他共同参与的这个主旨告诉他们。我说，你们设想让你们坐在一个椅子里，接受喂食，你们也会觉得很无聊难受。在饮食的时候不要看电视、玩游戏，给孩子一些食物，做一些和吃饭有关的事情，这样他自己就会对食物产生兴趣。幼儿的饮食习惯如果不好，而初期一直纵容，后期就更加不容易改正了。

辅食制作也可以简单好吃

有些妈妈觉得帮孩子做辅食是很复杂的事情，有些妈妈觉得方便就买了进口的辅食罐头。其实，现在科技发达，很多料理机可以使用，买一个顺手的辅食料理机会节省很多时间，也方便很多。

我买的是蒸煮粉碎一体的，小永每天早上睡觉的那个小时，我就把食物切小块，然后放机器里蒸熟，再打碎制作成天然的食物泥，拌在米粉里就可以给他当午饭吃了，非常方便。

从纯母乳过渡到辅食需要循序渐进，要看孩子的情况，不要马上就替代了母乳，1岁以内的孩子还是要以奶为主，辅食之所以称为辅就是这个原因。我不提倡六个月之后就有所谓的断奶餐，也不要轻易把母乳替换成奶粉，至于母乳六个月没有营养的这种说法，有知识的妈妈百度一下就能知道这是一个谬传，不过是被广告商洗脑而已。

刚开始喂辅食最好在两顿奶之间，孩子不是特别饿的时候，才会对辅食有兴趣。有些家长为了方便，想迅速让辅食替代奶，在孩子饿了特想喝奶的时候直接喂辅食，这样不光不能让孩子用比较好的心态接受辅食，反而会让孩子对辅食产生抗拒。试问，我们自己在学习新知识、新技能的时候，也会选择自己状态很好的时候，要有兴趣的时候，饿肚子烦躁的时候谁会有良好心态去接受新事物。刚开始的时候，孩子只能吃几勺，甚至只是舔舔就拒绝了，家长要给孩子一个接受的过程，不能用硬塞或者采取断奶的方式逼迫孩子。

小永也是在一勺一勺地慢慢学习，直到9个多月才有了正式的一顿辅食餐。我和小永外婆把辅食放在中午，首先是时间比较充裕，可以准备食材。而且小永上下午各有一次睡觉，睡觉前后是吃奶时间，中午正好在两顿奶之间，不饿不饱，情绪上也容易接受。

小永6个月开始吃一些简单的辅食泥，制作很方便，口感也比较容易接受，不论是用辅食机，还是用手工研磨的方式，都是比较方便的。建议在增加蔬菜泥之前，先吃一段时间的米粉，让肠胃适应以后再加入蔬菜泥。以下就是小永刚开始吃辅食时常吃的几个蔬菜，品种供大家参考。

南瓜泥：南瓜是一种非常好的食物，带有自己天然的甜味，所含的糖分就算糖尿病的病人都可以食用，而且南瓜煮熟后非常容易研磨，就算没有专门的辅食粉碎机，也可以轻易碾碎给宝宝食用。南瓜可以提高免疫力，富含丰富的胡萝卜素，补充维生素A，对孩子的骨骼发展有重要的作用。

土豆泥：土豆中蛋白质的含量很高，超过大豆，几乎接近于动物的蛋白。土豆中的维生素C的含量是苹果的10倍。土豆煮熟后也易于加工，如果有一些煮熟的肉汤，可以拌在土豆泥中增加鲜味给宝宝食用，土豆容易吃饱，所以如果要代餐的话，可以考虑用土豆作为基础食物。

红薯泥：红薯中多种维生素含量都比较丰富，特别要提到的是红薯中含有一种叫赖氨酸的物质，对身体是非常有帮助的，比大米和白面中的含量要高出许多，红薯也可以作为代餐，一般小永如果吃一顿红薯泥，我就不用再放米粉。

豌豆泥：豌豆是小永很喜欢的一个食物，我把煮得很熟的豌豆给他，他自己会一颗一颗嚼，也可以锻炼他的手指能力。但是，前期还是要帮宝宝打成泥，不然容易呛住。不过，豌豆会引起一些胀气，如果肠胃功能不是很好的宝宝，不要大量食用。

胡萝卜泥：胡萝卜一直有小人参的称号，富含各种维生素及氨基酸。萝卜也有自己的甜味，刚开始添加辅食的宝宝也会比较喜欢。

除了把米粉作为主食以外，还可以给宝宝尝试喝一些米粥，比如小米粥就是一个不错的选择。小米粥的营养我就不用多说了，直到现在我们喝粥吃饭，我都会加入一些杂粮，比如玉米粒或者小米，这些粗粮可以调节肠胃功能，增加微量元素，对于宝宝的饮食健康都是很有好处的，大人也可以一起食用。

可以给宝宝添加的辅食泥品种还是很多的，这里只是给出一些建议。早期吃辅食，建议一个品种一个品种增加，每增加一个品种观察两三天，没有过敏或者不适的现象再继续添加新的辅食。随着宝宝吃的品种越来越多，我们就要考虑怎么让这些东西更加好吃，因为是不加调味的，所以妈妈们要学会利用食物自己的味道来改善口感。

1岁以内的宝宝的饮食不能添加任何调味剂，会损伤宝宝的身体，新鲜的食材本身就会有天然的香味、鲜味，宝宝会很喜欢。如果给宝宝喝汤，最上层的油脂一定要去掉，因为宝宝代谢油脂的能力还很弱，容易引起拉肚子。

7、8个月开始，我开始给小永尝试一些荤的汤，还有一些肉类产品，用炖好的鸡汤或者鱼汤拌米粉，小永都会吃的很开心。汤的制作也很简单，我就是用一般有蒸煮功能的电饭煲，把食材洗净放进去，设定好，不用看火，等到汤煲好了自然进入保温功能，非常适合工作繁忙的白领妈妈。没有加过任何调料的汤可以打出来，用分装的罐子装好速冻，可以给永永吃个一两天。多余的汤，加入一定的调味大人们都可以食用，非常方便。

食材都有天然的属于自己的味道，比如补充铁质的动物肝类单单煮熟不加任何调料确实是不算很好吃，有的宝宝很拒绝，所以妈妈们可以用其他食材来调节味道。比如加入胡萝卜或者南瓜有天然甜味的食物和鸡肝或者猪肝打成泥，这样可以让宝宝口感上不会拒绝，又能够顺利补充营养。考虑辅食泥的搭配，把几个品种混合起来，不仅可以增加口味，也可以加强营养吸收，对于宝宝来说更加健康。有些没有什么味道的，可以考虑做一些混合的泥，比如山药泥可以加入紫薯调节味道，牛油果可以加入一些香蕉增加口感，都是可以给宝宝尝试的辅食。

说到牛油果，就是俗称的鳄梨，虽然是一种水果，但是单吃口感确实不怎么好吃，我们家小永就吃得很反抗。后来，我和小区几个妈妈讨论了一下，推荐了一些方法，比如和香蕉混在一起打成泥，或者和南瓜混在一起。这两种搭配我都试过，确实很有效，小永可以吃掉小半碗。所以很多东西宝宝不吃，作为妈妈要去研究一下，到底是什么问题，找到宝宝抗拒的原因。说不定就是妈妈没有做得很好吃，妈妈们不妨花一点心思，研究一下食物的搭配，改善一下口感。每次帮小永做好辅食，我自己都会尝一下，如果我自己都无法下咽，宝宝又怎么会爱吃呢。等到宝宝能接受混合泥之后，妈妈们做辅食的选择也会慢慢多起来，也可以更大程度达到营养的平衡。这个阶段让宝宝多吃一些品种的食物，也可以避免他以后挑食。

等到宝宝开始长牙，就可以不吃太过松软的东西，打泥不用打的很碎。小永长牙比较晚，10个月才开始长牙，那个时候我开始使用研磨碗，碗的底部有一条一条的齿状结构，肉类和蔬菜煮熟后基本都很软，放在碗里稍微磨一下基本就很碎了，然后有一定的颗粒感。9、10个月的宝宝应该让牙床接受这种颗粒的摩擦，让宝宝学会咀嚼。然后在吃饭的时候可以煮一些食物让他自己咬。

相信很多喂母乳的妈妈都遇到过这个问题，就是宝宝不喜欢奶瓶。我们家小永也是，用勺子喂也不行，鸭嘴杯也不行。非常执拗，这些瓶瓶罐罐喝水可以，只要是喝到奶味就拒绝。等到小永9个多月的时候，我就开始上班了，白天不喝奶的问题确实是让外婆伤透脑筋。刚开始，我坚持中午赶回来喂一顿，但随着工作进入正轨，也就没有这个时间了。都说1岁以内的孩子奶量是很重要的，我计算了一下出门前，回来后再加上晚上的两顿，虽然没有合格，但是奶量不算缺得很严重。我也曾经咨询过一些育儿专家，是否要断辅食，强迫让小永喝奶。育儿专家小巫曾经回复我说："10个月的宝宝，如果强行断辅食，万一奶还喝不好，岂不是得不偿失。如果实在奶量不足可以通过其他方式补充。"于是，我就在考虑如何给他白天增加蛋白质，考虑给他吃一点奶酪和酸奶，虽然有些妈妈认为1岁以内的孩子奶制品不易过早接触，但是由于特殊情况，我就决定给他尝试一下，慢慢观察他是否接受。最早的时候买一些进口的幼儿酸奶，发现小永挺喜欢，也没有什么过敏反应，于是我就买了一台酸奶机。发觉真的很方便，每天晚上把酸奶粉调制好，放入装有沸水的外机，不用插电，静置一个晚上，第二天一早就有新鲜酸奶可以吃了，真是感叹现在的科学技术！不过，一次做出来的量比较大，所以就鼓动全家一起吃酸奶，酸奶也是钙的良好来源，不仅保留了牛奶的全部营养成分，在发酵过程中产生的乳酸菌还可以补充人体多种微量元素，还可以调节肠道平衡，所以小永的奶量不足，让全家一起跟着补钙了。

我们妈妈群的群主米娅也是因为她的宝宝很喜欢吃面包，就买了一个多功能面包机。有时候，她周末会把做的新鲜面包分给我们吃，材料都是自己准备的，新鲜又健康。她说方法也很简单，晚上把材料全部倒进面包机，和面发酵一体式完成，第二天就有现成的面包可以吃了，很适合不仅要上班晚上还要带孩子的妈妈们。当然也有些全职在家带孩子的妈妈，就会选择买烤箱，做一些更加复杂的糕点。

虽然说有很多好的器材可以辅助我们料理孩子的食物，但是关键还是要妈妈们有带领孩子吃健康天然的食物的意愿，晚上等孩子睡下，要做家务，还要准备第二天的食物，确实很辛苦，但是想到第二天孩子能吃得开心且健康，相信每个妈妈都是愿意的。所以不要怕辛苦，做妈妈本来就是累并快乐的过程，要学会用享受的心态对待。

错的食物让孩子变成“皮大王”

学校的下午班中有一个5岁幼儿班的孩子们总是异常兴奋，孩子们一到学校放下书包，就到处乱窜，不知疲倦地上蹦下跳，奔走喊叫，我和这个班级的外教一直希望能改变这种现状。但是，不管我们怎么说，孩子们总是精力过剩的样子，常常还在我们的劝阻声中和我们做起了“躲猫猫”的游戏，每次都疯到上课才满头大汗地走回教室。

我和外教感到非常奇怪。因为同样是这个班级的孩子，每周六上午来上课的时候情绪往往比较平静，不知为何到了周四下午就会变得如此歇斯底里。我们便观察起孩子的情况，努力从中寻找原因。我发现有这样一个情况，因为孩子们的课是4点半到5点半，还没有到饭点，但是孩子们已经有点饿了。每次上课前，孩子的爷爷奶奶、爸爸妈妈都会给孩子吃零食先垫垫胃。一开始只是一些家长这么做，别的孩子看到了也要吃，结果成了常规节目。这个班级的孩子往往会提早半小时到学校，然后排排坐吃零食。吃好了，孩子们就开始自己玩。我和外教观察了一下孩子的零食：水果、巧克力、碳酸饮料、膨化食品、糖果糕点，最夸张的时候还出现过汉堡包。外教说：难怪孩子们精力过剩，这明显是我们的家长给孩子们吃错了食物。

家长不知道不正确的食物才是孩子变成“皮大王”的元凶。

各式各样的零食、小点心、碳酸饮料，这些深受孩子们喜欢的食物都是属于高糖、高热、高脂肪的食物。这些食物有可能会引起儿茶酚胺等神经递质不足，引发儿童的多动现象。小孩子本身就天性好动，再摄入过多高热、高糖食物。这些食物的能量得不到消耗，孩子就越发精力旺盛，难以平静。

不仅如此，可乐等饮料中含有咖啡因，密西西比儿科专家大卫·达戈尔博士说：“如果你光拿可乐、汉堡喂孩子，就别怪孩子玩儿到半夜死活不睡觉。所以，孩子的饮食中应该尽可能避免含兴奋成份的食物，比如：可乐、巧克力、咖啡、茶等，这样可以有效地避免孩子因为饮食问题而情绪亢奋、行为激动。”

此外，现在商店里很多零食都色彩鲜艳，味道诱人。但爸爸妈妈一定要知道，颜色鲜艳是因为其中含有色素，味道诱人往往是因为食物中加进了香精等添加剂。很多添加剂中有一种物质叫甲基水杨酸，据医学研究甲基水杨酸会诱发加重儿童的多动症症状。难怪我们的学生喝了色素多、添加剂多的食物饮料后会如此兴奋，上蹿下跳，不受控制。所以，建议家长要少给孩子吃含有人工色素、调味剂、防腐剂的食物，减少孩子摄入含有色素的饮料，彩色奶油裱花和果冻，以及膨化食品。

针对这些情况，我和外教给这个班级的爸爸妈妈打印了健康饮食的小贴士，指出了错误饮食的危害。建议家长们在上课前不要给孩子喝可乐、巧克力等含有兴奋成份的食物，这些高热、高糖食物不仅会影响孩子的行为，也会影响孩子稍后正常的晚餐。如果长期吃这些零食，孩子更有可能变成小胖墩，影响健康。如果家长下午怕孩子饿着，不如给孩子补充一些健康的食物，比如果蔬、牛奶、酸奶、果汁等，如果孩子胃口比较好，可以适量给一些低卡的小饼干、小点心。这样孩子不仅能在正餐之余补充营养，也不会因为胡乱吃东西影响健康而变成“皮大王”。

民以食为天，孩子们的新成代谢非常旺盛，对于各种营养的需求都非常高，甚至要超过成年人，饮食是他们成长中非常重要的一个环节。所以不仅是餐前餐后的零食辅食，正常的食物摄入，家长也要注意均衡营养的搭配。早期的饮食会影响孩子的一生。

需要记住几个词就可以涵盖孩子饮食需要注意的方面：多样、均衡、新鲜、健康。说是很简单，但是要做到这几个要素就需要爸爸妈妈的细心和用心。

多样：中医的经典著作《皇帝内经》中说过，人体要以“五谷为养，五果为助，五畜为益，五菜为充”。这句话中的五谷、五果、五畜、五菜都是表明我们需要摄入品种多一点的膳食，中医更是提出要吃多色的食物，比如黑豆、黑芝麻之类。所以妈妈们要多动动脑筋，在饮食上要有“肉球妈”的那种精神，虽然不是说每天都一定要不一样，但是要学会变化花样和品种，让每天的食物都有不同的颜色和口感，这样对于孩子来说不仅有了更多食物的选择，而且能更好的激发孩子的食欲。

均衡：食物的搭配要得当，之前说过不要孩子乐意吃什么就一直给他吃，就算是健康食物也要控制量，因为这个东西你吃多了，其他营养摄入的就会少了。奶制品每天都坚持吃，保证孩子的骨骼发育，均衡是要求养成良好的饮食习惯，做到五谷五果五畜五菜都能均衡地食用，才是健康的保证。

新鲜：多吃当季的东西，选择颜色和口味不同的品种，给孩子搭配每日的膳食，一定保证孩子每天蔬菜水果的摄入量。从小就培养孩子每天吃蔬菜水果，可以养成孩子良好的饮食习惯，蔬菜水果要比肉类什么更易于消化，植物纤维对于小孩子的肠胃来说也起到了调节的作用。

健康：给孩子吃的东西要少盐、少油、少调味剂，不要给孩子吃太多重口味的东西，会增加孩子的肠胃负担。在为孩子做美食的时候，尽可能采取清蒸，炖煮等原始的方法，保证食物的原汁原味。零食类的产品，特别是三高，应尽量避免给孩子吃，最好的方法就是家长也要以身作则，这类食品就不要进门。

除此之外，《养生录》中还谈到饮食养生“六宜”，食宜早些、食宜暖些、食宜少些、食宜淡些、食宜缓些、食宜软些。所以给孩子吃一些柔软温和的食物，多餐少食，保护好孩子的脾胃，对孩子来说将终生受益。

让孩子参与到美食中来

这个题目如果让中国的家长看到，可能会觉得让孩子参与美食制作简直是一件很不可思议的事情。平时总要限制孩子进入厨房，厨房里面充满油烟，地滑，刀具、抽屉又多，各种电器，简直机关重重。

其实不要太紧张和敏感，厨房教育在欧美国家已经是非常流行的课程了，在日本也受到很多家庭的喜爱。现在更有越来越多的书籍出版，来指导家长应该怎么和孩子一起享受烹饪的乐趣。

有新闻报道，在东京就有一家“亲子料理教室”。每周都会有家长预约带孩子来一起体验厨房乐趣，孩子们穿着定制的小围裙，在老师的指导下学习怎么使用工具，然后学习一些简单的烹饪技巧。上课内容有制作中式的餐点，也有制作西式的点心。通过学习，孩子们可以学习到怎么打鸡蛋，怎么洗菜，怎么淘米，怎么清洗蘑菇等。本来这个“亲子料理教室”是面向小学生的，结果来报名的孩子年龄越来越小，有些家长甚至把两岁的孩子都送来了。

早教专家一直都认为“厨房教育”是对孩子的发展很有作用的。让孩子在厨房里学会洗菜、淘米、煮饭这些基础的生活技能，能增加孩子的自我价值感，让他们觉得自己是可以被信赖的。对于培养孩子的自信心和独立能力都很有帮助。日本早教专家牧野圣子还做了这样的分析：切莫小看做家务，做家务是学习人际关系的基础，也是一种比游泳更均衡的运动，而且可以丰富情绪，使孩子更自信。

在厨房里，孩子们会有很多体验，他们的触觉，嗅觉都在工作，他们学会去辨别气味、口感，识别不同的食材，还能够学到很多新的名词。不用担心煎炸油煮这些烹饪的事孩子不能胜任，其实厨房中小朋友能做的还有很多。他们完全可以帮助妈妈打下手，可以参与到洗水果、捏面团、倒牛奶、打鸡蛋，这些安全又简单的活动中去。

我们小区里的妈妈们很多都把孩子带入了厨房，经常看到微信朋友圈中，孩子在帮妈妈剥毛豆，剥小豌豆的照片，还有帮助妈妈洗水果的。这些孩子大都不到两岁。关键是家长要有这份心，不要阻止孩子和你一起享受这种乐趣，生活本来就是各种体验，只要是做好安全措施，不让孩子接触到危险的东西，在安全的范围内充分发挥孩子的动手能力，对于小孩的智力发育也是大有裨益的。本来孩子们都是靠双手去接触世界的，为什么不帮助他们更好的掌握一些技能呢？

听闻身边有很多孩子已经读小学了，还不会自己绑鞋带，不会剥鸡蛋，不会穿衣服等，这是多么可悲的事情。所以不要以孩子们可能会弄脏地板为理由，拒绝让他们参与，任何生活的细节都可以锻炼他们，如果他们觉得自己可以像小大人一样帮助妈妈，他们自己也一定会感觉非常自豪，这段亲子的时光也会变成妈妈和孩子相处的黄金时光。记得我自己小时候，妈妈就让我一起包过馄饨、饺子、肉粽，虽然我做的点心形状不那么完美，但是那都是我童年非常珍贵的美好记忆。

曾经看过一个短片，一对父母开了一家咖啡厅，他们的孩子每周会过来为一位客人免费做一杯巧克力，从刚开始的一个杯子倒满全部巧克力粉把客人甜到不行，到后来在妈妈的指导下慢慢学会看比例，慢慢开始尝试不同成分的巧克力，甚至学起了裱花，到最后就是经常来的客人也说他做的巧克力好喝。在视频的一开始，小男孩一直会弄撒东西，弄脏衣服，但是他的父母没有埋怨他，而是鼓励他，客人们也很宽容。因为大家的支持和鼓励增加了孩子内心的自信和力量，最终让他终于可以独自做出美味的饮品了。

国内的小孩得到这种鼓励和人生阅历的机会就很少，我们对孩子的评估往往来自于学习和分数，所以我觉得小孩子更需要有这种德育、美育方面的锻炼和成就感。我们学校也受到这方面的启发，经常会组织亲子美食活动，我们会邀请爸爸妈妈和孩子一起来做一些特色的饮食，比如做披萨、快乐色拉拼盘、果汁大pk、一起来做寿司，还有圣诞节姜饼小屋活动等。在活动中，我们为爸爸妈妈和孩子配置了亲子围裙、塑料台布、塑料餐具、一次性手套，还有给孩子专门用的塑料小餐刀、小勺子、小筷子等安全餐具，餐桌也都是符合孩子身高的小桌子、小椅子。每次活动前，我们一般会先介绍这次要做的小美食，让孩子先认识要用的食物，增加他们的知识，然后亲手教孩子怎么去完成一道简单健康而美味的食物，最后让孩子们和家长一起合作，完成这道家庭美食并品尝。在这些充满乐趣的活动中，孩子们和大人常常玩得不亦乐乎，孩子和大人都充分展现出他们的想象力和创造力，做出只属于他们家庭的独一无二的美食。

这些活动的经验都是读者家长可以学习和借鉴的，哪怕不去外面参加活动，我们在家里的小餐桌上妈妈爸爸也完全可以组织一次家庭美食活动。根据孩子的年龄和动手能力，父母可以挑选适合孩子参与的美食制作。

如果是年纪特别小的孩子，可以帮助家长分拣或者摆放食物，做一些比较基础的工作；年长一些的孩子则完全可以和家长一起动手参与到制作美食的整个流程中。家里有烤箱的可以让孩子一起参与烤制小西点，利用磨具制作不同图案的小饼干。简易一点的，还可以让孩子一起做色拉、寿司，教会孩子用竹简包裹出长长的寿司条，最后让父母来完成切寿司的工序。一道色彩缤纷又美丽的色拉拼盘，也是一个很容易操作的过程。爸爸妈妈可以和孩子一起去超市购买各种水果，先教孩子认识这些水果，然后父母帮孩子切好水果，指导让孩子发挥想象力用不同颜色和形状的水果切片，拼出漂亮的图案。我们有个学生在妈妈的指导下用苹果、哈密瓜、香蕉切片做出了逼真的蝴蝶形状。这样，孩子不仅能吃到健康的食物，认识这些水果，还能在制作的过程中得到乐趣和成就感。

当然，厨房也是事故高发的地方，一定要密切注意防止安全隐患的发生。可以先和孩子约法三章，有些地方可以碰，有些地方不可以碰。与其一味地吓孩子，勒令他不能去做什么，不如利用实际的机会，告诉孩子这些地方存在的危险，然后教会孩子一旦遇到危险怎么去处理，这样比单纯的禁止要来的有效。

然后，爸爸妈妈不要去埋怨孩子弄乱东西或者弄脏衣服，即使孩子做得还不够完美，只要他们付出努力了，家长就应该表扬、鼓励他们，这样他们才会有兴趣和信心继续下去。聪明的妈妈们可以让孩子一起参与到整理场地和最后的清洁工作中，这样也能培养孩子良好的生活习惯，一举两得。

教育家卡尔威特在他的儿子很小的时候，就鼓励他尝试做一些小家务。小卡尔两岁的时候，喜欢主动帮助母亲收拾桌子。每当家里有客人时，他们常常觉得不可思议，全都担心地看着孩子小小的手上端着的盘子。他们往往会忍不住说：“卡尔，小心，不要把它打碎了。”每当这个时候，大卡尔先生总是会对好心的客人说：“没什么，卡尔会做好的。”我想就是这样，让孩子参与进来，就算打破了又有什么关系呢？

图书在版编目（CIP）数据

再忙也能做个好妈妈 / 杜英华，史文婷著. -- 北京：新世界出版社，2014.3

ISBN 978-7-5104-4817-1

Ⅰ.①再… Ⅱ.①杜… ②史… Ⅲ.①儿童教育－家庭教育 Ⅳ.①G78

中国版本图书馆CIP数据核字（2014）第011794号

再忙也能做个好妈妈

作　　者：杜英华　史文婷

责任编辑：熊文霞　严匡正

责任印制：李一鸣　黄厚清

出版发行：新世界出版社

社　　址：北京西城区百万庄大街24号（100037）

发行部电话：（010）6899 5968　（010）6899 8733（传真）

总编室电话：（010）6899 5424　（010）6832 6679（传真）

网　　址：http://www.nwp.cn

http://www.newworld-press.com

版 权 部：+8610 6899 6306

版权部电子信箱：frank@nwp.com.cn

印　　刷：北京嘉业印刷厂

经　　销：新华书店

开　　本：710×1000　1/16

字　　数：190千字　　印 张：15.5

版　　次：2014年4月第1版　2014年4月第1次印刷

书　　号：ISBN 978-7-5104-4817-1

定　　价：32.00元
